DON BOSCO

utta Bläsius

ENTSPANNUNGS-SPIELE FÜR JUNGS & Mädchen

Wohltuende Wahrnehmungsübungen
ɪd Fantasiereisen für Kita und Grundschule

DON BOSCO

Jutta Bläsius arbeitet in Luxemburg als Erzieherin mit Montessori-Diplom. Die Entspannungspädagogin mit der Zusatzqualifikation „Psychomotorik" ist Autorin zahlreicher erfolgreicher Praxisbücher.

Gerne nehmen wir Ihre Anregungen, Wünsche, Kritik oder Fragen entgegen:
Don Bosco Medien GmbH, Sieboldstraße 11, 81669 München
anregungen@donbosco-medien.de
Servicetelefon: (089) 48008-341

Bibliografische Information der Deutschen Nationalbibliothek
Die Deutsche Nationalbibliothek verzeichnet diese Publikation in der Deutschen Nationalbibliografie; detaillierte bibliografische Daten sind im Internet über http://dnb.dnb.de abrufbar.

1. Auflage 2015 / ISBN 978-3-7698-2171-0

www.donbosco-medien.de
Umschlag und Layout: ReclameBüro, München
Illustrationen Innenteil: Christian Badel, Berlin
Lektorat: UNGER-KUNZ. Lektorat und Redaktionsbüro
Satz: Don Bosco Medien GmbH, München
Produktion: Don Bosco Druck & Design, Ensdorf

Gedruckt auf umweltfreundlichem Papier

INHALT

VORWORT

Entspannungsspiele für Jungs – der Titel macht unmissverständlich deutlich, dass es sich hier um ein Buch speziell für Jungen handelt. Vielleicht stellen Sie sich aber gerade die Frage, ob diese Einschränkung überhaupt nötig ist. Dies kann ich mit einem eindeutigen „Ja, es ist nötig!“ beantworten. Denn dass gerade im Hinblick auf eine geschlechtsspezifisch orientierte Arbeit mit Jungs Handlungsbedarf besteht, zeigen die vielerorts immer noch vorherrschenden klassischen, stereotypen Sichtweisen auf Jungen und Mädchen: So werden Jungs als laut, bewegungsfreudig, aggressiv und risikobereit beschrieben. Sie würden viel Raum beanspruchen, seien extreme Grobmotoriker und im sozialen Umgang eher egozentrisch und dominierend. Sie würden stets den Bauplatz, den Bewegungsraum oder das Weidentipi im Außengelände besetzen und immer das Klettergerüst, Autos und Bälle jeder Art für sich beschlagnahmen. Mädchen dagegen seien hilfsbereit und kommunikativ. Sie würden am liebsten mit Puppen spielen, puzzeln und malen. Der Maltisch und die Puppenwohnung seien ihre bevorzugten Spielorte.

Diese klassischen Rollenklischees existieren noch immer in den Köpfen vieler pädagogischer Fachkräfte und werden auch im häuslichen Umfeld und in der Gesellschaft insgesamt nach wie vor bedient. Solche pauschalen Rollenzuschreibungen werden jedoch vielen Jungen und Mädchen nicht gerecht und engen sie ein, anstatt ihnen Möglichkeiten für eine individuelle Entwicklung ihrer Geschlechtsidentität aufzuzeigen. Sie erschweren zudem die praktische Arbeit der pädagogischen Fachkräfte und verhindern, dass Jungen und Mädchen ganz bewusst an ungewohnte und auch an vermeintlich „geschlechtsuntypische“ Erfahrungen herangeführt werden. Zu solchen vermeintlich „geschlechtsuntypischen“ Angeboten zählen gezielte Aktivitäten mit Mädchen im handwerklichen Bereich (z. B. Arbeiten an der Werkbank) oder auf sportlichem Gebiet (körperbetonte und bewegungsintensive Sportspiele). Jungen können und sollten dagegen durch gezielte Angebote an Themen wie Malen, Basteln, Tanz oder Entspannung herangeführt werden.

ENTSPANNUNG – IST DAS ÜBERHAUPT WAS FÜR JUNGS?

Gerade das Thema „Entspannung für Jungs" scheint für viele Erzieherinnen und Erzieher ein Problem darzustellen. Nicht selten werden Jungen ganz bewusst von entsprechenden Angeboten ausgenommen, mit der Begründung: „Das ist denen sowieso viel zu langweilig und sie stören dabei nur!" Sicher gibt es viele Jungs, die sich nicht ohne Weiteres auf solche Aktivitäten einlassen können. Für sie steht Bewegung an erster Stelle der Angebotshitliste. Hier können sie Körpererfahrungen sammeln, stark und mutig sein, Risiken eingehen, Gefahren überstehen und sich vor allem auch mit anderen messen und vergleichen. Entspannungsangebote boykottieren sie mit der Begründung: „Das ist doch Mädchenkram!" – nicht zuletzt, um gerade dadurch den Mädchen zu imponieren.

Diese Beobachtung entspricht aus entwicklungspsychologischer Sicht der Erkenntnis, dass Kinder bereits im Kindergartenalter ihre Geschlechterzugehörigkeit in Abhängigkeit von ihrer jeweiligen Lebenssituation mehr oder weniger eindeutig und intensiv verinnerlicht haben. Ausgesprochen „geschlechtstypisches" Verhalten dient ihnen in diesem Alter insbesondere zur Sicherung der eigenen Geschlechtsidentität. Die ablehnende Haltung – bis hin zur Verweigerung – in Bezug auf bestimmte Angebote kann die Funktion haben, sich dem anderen Geschlecht gegenüber abzugrenzen. Wissen pädagogische Fachkräfte, Eltern, Übungsleiter u. a. um diese Problematik, dann liegt hier ihre Chance, Angebote methodisch-didaktisch so zu gestalten, dass sie von den Jungs in ihr „männliches" Geschlechterbild eingeordnet werden können und sie somit ansprechen.

SPEZIELLE JUNGENGRUPPEN – IST DAS SINNVOLL?

In diesem Zusammenhang kann es – nach entsprechenden Beobachtungen und Reflexionen – sporadisch oder auch dauerhaft sinnvoll sein, auch solche Maßnahmen anzubieten, die die Förderung der Jungen in speziellen Jungengruppen im Blick haben. Bestimmte vermeintlich „jungsuntypische“ Themen (Angst, Schwächen, Hilflosigkeit usw.) können auf diese Weise aufgegriffen und, verpackt in jungsrelevante Motive (Feuerwehr, Indianer, Drachen etc.), erarbeitet werden. Jungen haben in einer geschlechtshomogenen Gruppe eher die Möglichkeit, ihren Körper besser kennenzulernen, ihre Wünsche und Bedürfnisse zu äußern, ihre Interessen zu thematisieren und schließlich neue Kompetenzen zu erwerben. In einem auf diese Weise geschützten Rahmen können sie dann auch Entspannung erfahren, üben, als wohltuend erleben und sie in ihr Verhaltensrepertoire integrieren.

Manche Entspannungsangebote legen vielleicht sogar den Grundstein dafür, dass Jungs im Laufe ihrer Entwicklung immer wieder darauf zurückgreifen. Dies ist eine große Chance für ihre Zukunft, insbesondere in Bezug auf das Phänomen, das Lothar Böhnisch in seinem Buch „Die Entgrenzung der Männlichkeit“ (Opladen 2003) beschreibt: „Vor allem die auf der Stressforschung basierende Bewältigungsforschung hat gezeigt, dass Menschen in kritischen Lebensereignissen, wenn die bisher verlässlichen sozialen Ressourcen nicht mehr gegeben sind, hoch geschlechtssomatisch reagieren. Das heißt, dass hier typische maskuline und feminine Bewältigungsmuster jenseits der gelernten Männlichkeits- und Weiblichkeitsrollen als somatische Reaktionen des Körpers aufbrechen“ (S. 17). Kindern hier einen anderen Weg aufzuzeigen, ist ein großer, wichtiger Schritt in Richtung Salutogenese.

Entspannungsangebote sind somit ein wichtiges Lernfeld für Jungs. Sie schaffen einen Ausgleich zur Anspannung und zeigen ihnen unterschiedliche Möglichkeiten, auf Stress angemessen und individuell zu reagieren. Das setzt jedoch voraus, dass diese Angebote nicht nur als vereinzelte Projekte, sondern wirklich als fester Bestandteil des Alltags regelmäßig durchgeführt und gerade im Hinblick auf die Geschlechterrollen-Thematik reflektiert und konzeptionell verankert werden. Wird der Gender-Gedanke dann noch als Querschnittsaufgabe gesehen, stärkt dies Jungen nachhaltig in ihren Kompetenzen und in der Entwicklung ihrer geschlechtlichen Identität. Einen besonderen Reiz hat es darüber hinaus natürlich, wenn ein Mann (z. B. ein Erzieher, Vater oder Sportlehrer) Entspannungsangebote mit den Kindern durchführt. Denn bereits dadurch werden traditionelle Geschlechterzuschreibungen durchbrochen.

UNVERZICHTBAR: EINE SPEZIFISCHE JUNGEN-PÄDAGOGIK

Wie wichtig eine spezifische Jungen-Pädagogik für die gesunde Entwicklung der Kinder ist, wurde in der Fachliteratur in den letzten Jahren in unzähligen Publikationen theoretisch erörtert. Titel wie „Kleine Machos in der Krise“, „Was ist mit unseren Jungs los?“, „Kleine Helden in Not“ oder „Die Jungenkatastrophe: Das überforderte Geschlecht“ sprechen für sich! Sie machen deutlich, dass hier etwas im Argen liegt, setzen sich mit dem stattfindenden gesellschaftlichen Wandel bezüglich der Geschlechterrollen-Orientierung auseinander und gehen u. a. der Frage nach, woran es liegen kann, dass Jungs in unserem Erziehungs- und Bildungssystem mehr und mehr ins Abseits geraten. Leider fehlt es aber in erheblichem Maße an Literatur, die zeigt, welche praktischen Möglichkeiten es gibt, Jungen in ihrer Geschlechterentwicklung vielseitig zu unterstützen und sie auch an das Thema „Entspannung“ heranzuführen.

Das vorliegende Buch stellt sich dieser Herausforderung. Bevor Sie sich jedoch in die praktische Arbeit stürzen, hier noch einige kleine Tipps, damit Sie und die Jungs auch wirklich entspannen können:

- Geben Sie nicht so schnell auf, wenn es am Anfang nicht so gut läuft. Beharrlichkeit zahlt sich aus!
- Vor der Entspannung kommt die Anspannung. Planen Sie daher vor jeder Übung eine intensive Bewegungsphase ein.

- Bieten Sie den Kindern nach der Entspannung eine kleine Gesprächsrunde an. Jungen fällt es in der Regel wesentlich schwerer, ihre Gefühle mit vielen Worten auszudrücken als sie nur kurz und knapp zu bewerten! Formulieren Sie offene Fragen, die den Jungs die Möglichkeit geben, ihre Gefühle möglichst genau zu beschreiben.
- Und zum Schluss noch eine wichtige Bemerkung: Vielleicht ist Ihnen der kleine Zusatz „& Mädchen“ im Buchtitel aufgefallen. Mädchen sind natürlich auch herzlich dazu eingeladen, an den Angeboten teilzunehmen!

Jutta Bläsius

AUF IN DEN WILDEN WESTEN!

Als Wilder Westen ist es uns bekannt,
auch „Land der Büffel“ wurd’ es oft genannt.
Indianer und Cowboys gibts dort Seit’ an Seit’,
der Sheriff sorgt für Ordnung und Gerechtigkeit.
Und wer sind die Helden im Wilden Westen?
Winnetou und Buffalo Bill sind die besten!

DIE BÜFFELJAGD

MASSAGE

Material: Bodenmatten für die Hälfte der Kinder

Die Kinder bilden Paare. Jeweils eines der beiden Kinder aus jedem Paar legt sich mit dem Bauch auf die Bodenmatte. Sein Partner kniet sich daneben und massiert den Rücken des liegenden Kindes auf die im Folgenden beschriebene Weise. Alternativ kann diese kleine Rückenmassage auch im Sitzen durchgeführt werden.

Da kommt Tatonka.	*Mit den flachen Händen über den Rücken laufen*
Er darf heute zum ersten Mal die großen Jäger auf der Büffeljagd begleiten. Tatonka springt auf sein Pferd und schon geht es los!	*Mit den flachen Händen über den Rücken „galoppieren“*
Als die Gruppe sich der großen Büffelherde nähert, springen alle von ihren Pferden herunter.	*Mit den Fäusten auf einzelne Stellen des Rückens klopfen (nicht zu kräftig)*
Die Indianer legen sich auf den Boden und robben langsam vorwärts.	*Mit den flachen Händen über den Rücken streichen*
Als sie die Büffelherde schon fast erreicht haben, hebt ein Büffel plötzlich den Kopf und schaut genau zu Tatonka herüber. Die Büffel haben die Indianer entdeckt! Und schon rennt die Herde los!	
Alle Indianer, auch Tatonka, springen auf und rennen hinterher.	*Mit den flachen Händen schnell über den Rücken laufen*

Aber die Büffel sind einfach zu schnell. Die Indianer müssen für heute ihre Jagd aufgeben.

Sie springen auf ihre Pferde und reiten nach Hause.

Mit den flachen Händen über den Rücken „galoppieren“

TIPP Weisen Sie die Kinder darauf hin, nicht auf der Wirbelsäule zu massieren, denn dies kann sehr schmerzhaft sein.

DAS INDIANERFEST

MASSAGE

Material: 1 Spiegel

Alle Indianer sind zu einem großen Indianerfest eingeladen. Doch bevor das Fest beginnen kann, muss die Festbemalung auf die Gesichter aufgetragen werden.

Zuerst waschen sich alle Indianer das Gesicht. So kann die Farbe besser aufgetragen werden.

Pantomimisch das Gesicht waschen

Nach dem Waschen trocknen wir uns ab, damit die Farbe auch hält.

Mit beiden Händen das Gesicht trocken tupfen

Jetzt können wir mit der Festbemalung beginnen. Wir reiben zuerst rotbraune Farbe in unser Gesicht und achten darauf, dass auch die Augenlider und der Haaransatz gefärbt werden.

Pantomimisch mit beiden Händen das Gesicht bemalen

Dann geht es weiter: Auf die Stirn kommt ein breiter Strich.

Mit zwei Fingern einen „Strich“ quer über die Stirn ziehen

Er ist noch nicht deutlich genug zu sehen. Daher müssen wir ihn nachziehen.

Wiederholen

Unter den Strich kommt eine Wellenlinie.

Eine Wellenlinie auf Stirn „zeichnen"

Die Farbe muss kräftig aufgetragen werden, damit sie lange hält!

Dann ist die Nase an der Reihe: Wir ziehen einen Strich vom Nasenrücken bis zur Nasenspitze.

Mit dem Zeigefinger den Nasenrücken bis zur Nasenspitze entlangfahren

Auf die Wangen kommen ebenfalls Striche. Wir ziehen sie mit dem Finger von der Nase aus bis zu den Ohren.

Mit dem Zeige- und dem Mittelfinger mehrere „Striche" kräftig quer über die Wangen ziehen

Nun muss noch das Kinn bemalt werden.
Es bekommt ebenfalls viele Striche.

Mit den Fingern senkrechte „Striche" auf das Kinn „malen"

Jetzt ist unsere Bemalung fertig.
Aber was ist das? Wir sehen ja alle gleich aus! Ich glaube, es ist besser, wenn jeder Indianer sich eine eigene Bemalung ausdenkt.

Wir wischen die Farbe einfach wieder ab und beginnen von vorne.

Mit beiden Händen über das Gesicht reiben
Jedes Kind „bemalt" nun sein Gesicht nach eigenen Ideen

INDIANER AUF BÄRENJAGD

STILLE-SPIEL

Ein Kind übernimmt die Rolle des Bären. Es positioniert sich mit dem Gesicht zur Wand. Die restlichen Kinder stellen sich an der gegenüberliegenden Wand auf. Sie verwandeln sich in Indianer, die auf Bärenjagd gehen. Da sie dem Bären schon ganz nah sind, müssen sich nun alle ganz besonders leise und vorsichtig an das Tier heranpirschen. Der Bär stellt sich schlafend. Sobald er jedoch ruft: „1, 2, 3, der Bär erwacht!“ müssen alle Indianer sofort in ihrer Bewegung innehalten. Erwischt der Bär einen Indianer, der sich noch bewegt, muss dieser zurück zum Ausgangspunkt und erneut von dort starten. Wem es gelingt, den schlafenden Bären als Erster zu erreichen, der darf in der nächsten Spielrunde dessen Platz einnehmen.

DER COWBOYHUT

MUSIKSTOPP-SPIEL

Material: 2 Cowboyhüte, 2 Bodenmatten, CD-Player mit Bewegungsmusik

Die Kinder bewegen sich als Cowboys im Raum, reiten z. B. umher und fangen imaginäre Rinder ein. Dabei werden zwei Cowboyhüte immer wieder von Kind zu Kind weitergegeben. Wer beim Musikstopp einen davon in der Hand hält, der darf sich auf einer Bodenmatte eine Runde lang ausruhen. Die Ruhepause ist beendet, sobald das nächste Kind nach dem nächsten Musikstopp den Platz beansprucht.

WER ERKENNT SEIN PFERD?

WAHRNEHMUNGS-ÜBUNG

Material: 1 Augenbinde

Ein Cowboy ist auf sein Pferd angewiesen. Die beiden verbringen in der Regel viel Zeit miteinander und kennen sich deshalb sehr gut. Daher kann der Cowboy sein Pferd auch in der dunkelsten Nacht sofort erkennen.
Ein Kind übernimmt die Rolle des Cowboys. Es sucht sich einen Spielpartner, der sein Pferd darstellt. Dem Cowboy werden nun die Augen verbunden. Dann nehmen alle anderen Kinder die Bankstellung ein und schlüpfen so in die Rolle von Pferden. Der Cowboy soll nun durch Abtasten der Kinder herausfinden, welches sein eigenes Pferd ist. Gelingt es ihm? Woran hat er erkannt, dass es sich um das richtige Pferd handelt?
Hat der Cowboy Schwierigkeiten, sein Pferd zu finden, kann dieses vielleicht einmal oder mehrmals laut schnaufen.

VARIANTE

Ist die Gruppe sehr groß, dann werden nur drei bis vier Kinder ausgewählt, die die Rolle der Pferde übernehmen. Alle anderen Kinder schauen dann zu.

SHERIFF BILL HÄLT MITTAGSRUH

FANTASIEREISE

Material: 1 Bodenmatte pro Kind

Jedes Kind legt sich auf eine Bodenmatte. Sind alle zur Ruhe gekommen, dann schließen sie die Augen. Der folgende Text dient als Einstieg in die Entspannung. Er wird langsam und deutlich gesprochen. Machen Sie beim Vorlesen immer wieder kleine Pausen, damit die Kinder Zeit haben, sich auf die Fantasiereise einzulassen.

Sheriff Bill hält Mittagsruh.
Sein Büro, das schließt er zu.
Schlafen ist nun angesagt,
bevor er wieder Gangster jagt.

So macht er nun die Augen zu,
träumt einen schönen Traum im Nu.
(längere Pause)
Doch der Alltag nimmt nun leider seinen Lauf,
ein Schuss, der weckt den Sheriff wieder auf.
(Mit Geräusch untermalen)

Während der Vorlesepause im Text haben die Kinder Gelegenheit, sich auszuruhen und ein wenig zu träumen. Am Ende stehen alle wieder auf und bewegen sich im Raum umher (z. B. reitend, galoppierend), bevor die kleine Entspannungseinheit wiederholt wird.
In weiteren Entspannungsrunden können die „Sheriffs“ durch andere Dinge geweckt werden, z. B. durch lautes Indianergeheule, Pferdegeklapper, lautes Geschrei etc.

EIN INDIANER-MANTRA HÖREN

ENTSPANNUNGS-ÜBUNG

Material: 1 Kerze, 1 feuerfester Untersetzer, Streichhölzer, 1 Tuch mit indianischen Mustern, CD-Player und CD mit indianischer Mantra-Musik

Mantras sind spirituelle, heilende und wohltuende Lieder, die in allen großen Kulturen gesungen werden und eine heilende, beruhigende Wirkung auf Körper, Geist und Seele haben. Beim Mantra-Singen wird ein kurzer Text in einer bestimmten Klangabfolge immer wieder wiederholt. Dies lädt zum Entspannen, Ausruhen, Träumen und natürlich auch zum Mitsummen und Mitsingen ein. Probieren Sie es aus!
Platzieren Sie die Kerze in der Mitte des Raumes auf einem Tuch mit indianischen Mustern und Verzierungen. Die Kinder setzen sich im Kreis um die Kerze herum. Laden Sie sie ein, ein indianisches Lied zu hören, das ihnen immer dann Ruhe und auch Kraft gibt, wenn es nötig ist.
Vielleicht möchten die Kinder das Lied ein zweites Mal hören? Oder vielleicht möchten sie auch mitsingen oder sogar dazu tanzen? Bieten Sie ihnen die entsprechende Möglichkeit dazu.

PIRATEN

Wer fährt auf dem weiten Meer
plündernd mit dem Schiff umher?
Wer ist mutig und verwegen,
kämpft bei Sonne, Wind und Regen?
Wer stiehlt Silber, Gold und Geld
und gilt doch als großer Held?
Ich kann es dir verraten:
Es sind die Piraten!

DER PIRATEN-SCHATZ

STILLE-SPIEL

Material: Gegenstände in der Anzahl der mitspielenden Kinder

Ein Kind verwandelt sich in einen gefährlichen Piraten. Es setzt sich in die Mitte des Spielfelds. Die Schätze werden um den Piraten herum auf dem Boden ausgelegt. Die anderen Kinder setzen sich in einigem Abstand um den Piraten und die Schätze herum ebenfalls auf den Boden. Sie versuchen nun, die Schätze des Piraten zu rauben. Dazu schleichen sie sich abwechselnd langsam an. Der Pirat bewacht natürlich seinen Schatz.
Leider aber ist er von seinem Raubzug sehr müde, sodass er immer wieder einschläft. Aber sobald er auch nur das leiseste Geräusch hört, wacht er auf und flucht ganz laut und fürchterlich. Das Kind, das gerade versucht hat, sich anzuschleichen, ist natürlich schlau genug, sich schnell wieder zurückzuziehen.
Gelingt es den Kindern, die Schätze des Piraten zu stehlen, ohne dass er es merkt?

DIE PIRATEN RUHEN SICH AUS

FANTASIEREISE

Material: 1 Bodenmatte pro Kind

Die Kinder legen sich mit dem Rücken auf die Bodenmatten. Laden Sie sie dazu ein, sich vorzustellen, auf einem Piratenschiff zu sein. Das Schiff treibt auf dem Meer und alle haben ein wenig Zeit, sich zu entspannen und auszuruhen.

Machen Sie während des Vorlesens immer wieder kleine Pausen, denn so können die Kinder ihrer Fantasie freien Lauf lassen.

Es herrscht Flaute auf dem Meer,
der Himmel, der ist wolkenleer.
Drum legen Käpt'n und auch Crew
sich heute mal etwas zur Ruh.
Ruh'n sich auf dem Schiffsdeck aus,
träumen vielleicht von zu Haus.

Ihr Schiff, das schaukelt nur sanft hin und her,
es geht ihnen gut und das freut sie gar sehr.
Nur das Plätschern der Wellen ist leise zu hören,
davon aber lässt sich doch kein Pirat stören.
(längere Pause)

Doch nun zieh'n viel dunkle Wolken herauf,
da wachen die Piraten ganz schnell wieder auf.
Denn jetzt gibts einige Arbeit zu tun
und kein Pirat kann noch weiter ruh'n.

Bitten Sie die Kinder, sich nach der Fantasiereise kräftig zu recken und zu strecken, ausgiebig zu gähnen und einige Male tief ein- und auszuatmen, und zwar bevor sie aufstehen. Eine kurze Reflexionsrunde kann dazu genutzt werden, um mit allen über ihre Gefühle und Erlebnisse während der Entspannungsübung zu sprechen.

TIPP Achten Sie generell bei allen Fantasiereisen auf eine gute Rücknahme der Kinder. Hierzu zählt das ausgiebige Recken, Strecken, Gähnen und tiefe Ein- und Ausatmen ebenso wie das allmähliche Öffnen der Augen. So können die Kinder in ihrem eigenen Tempo wieder ins Hier und Jetzt zurückkommen. Wird diese Rücknahme nicht durchgeführt, kann es zu Kreislaufproblemen, Benommenheit oder Kopfschmerzen kommen.

DIE SCHATZSUCHE

MASSAGE

Material: Bodenmatten für die Hälfte der Kinder

Ein Kind legt sich bäuchlings auf die Matte, sein Partner kniet neben ihm. Dann führt er auf dem Rücken des liegenden Kindes die im Text genannten Massage-Bewegungen aus.

Ein Pirat lief rastlos am Strand hin und her, er suchte den Schatz, doch er fand ihn nicht mehr. Wo der lag, konnte er nicht mehr sagen, er vergrub ihn dort schon vor sechzig Tagen.	*Mit den flachen Händen leicht auf den Rücken patschen*
So begann er nun eifrig im Sand zu wühlen, den Schatz aber konnte er nirgendwo fühlen. Er grub und grub den Strand langsam um, fand aber nur eine Flasche mit Rum.	*Mit den Fingerspitzen sanft über den Rücken kratzen* *Bewegung wiederholen*
Er grub sich noch tiefer in den Boden hinein. Wo konnte sein schöner Schatz denn bloß sein?	*Die Bewegungen intensiver werden lassen und die gesamte Körperrückseite einbeziehen*
Als er ihn abends auch noch nicht fand, gab er es auf und verließ bald den Strand.	*Mit den flachen Händen über den Rücken laufen, Hände dabei abrollen*

TIPP Die Kinder sollten die Möglichkeit haben, sich ihren Massagepartner selbst auszusuchen. Damit ist garantiert, dass sich alle wohlfühlen und entspannt miteinander umgehen.

DIE SCHATZKISTE AM STRAND

FANTASIEREISE

Material: 1 Bodenmatte pro Kind

Laden Sie die Kinder zu einer kleinen Reise in die Fantasie ein. Nachdem es sich alle auf einer Bodenmatte bequem gemacht haben, schließen die Kinder die Augen. Sprechen Sie den folgenden Text langsam und deutlich. Bauen Sie immer wieder kleine Pausen ein, damit sich die Kinder in das Gehörte vertiefen können.

„Stell dir vor, du gehst an einem Strand spazieren. Es ist angenehm warm. Es weht ein leichter, warmer Wind. Er lässt die Wellen auf dem Meer tanzen.
Es geht dir gut. Der Sand unter deinen Füßen fühlt sich angenehm warm an.
Da siehst du in einiger Entfernung etwas auf dem Strand stehen. Du gehst darauf zu und je näher du kommst, umso deutlicher erkennst du, was dort steht. Es ist eine große Kiste. Wo mag sie wohl herkommen? Wem mag sie wohl gehören?
Du schaust dir die Kiste genauer an.
Was mag wohl darin sein?
Du kannst sehen und fühlen, aus welchem Material sie ist.
Du nimmst ihre Größe wahr.
Du siehst das Schloss. Es ist offen.
Du beschließt, die Kiste zu öffnen. Also hebst du langsam den Deckel an, bis der Inhalt der Kiste zu sehen ist.
Du betrachtest das, was da im Inneren der Kiste liegt, ganz genau. Es ist ein Schatz! Du siehst dir alles ganz genau und in aller Ruhe an.
Was machst du nun mit dem Schatz, den du da entdeckt hast?
Leider hast du keine Zeit, um darüber nachzudenken. Denn während du den Schatz in aller Ruhe betrachtet hast, ist das Meer immer näher herangekommen. Es hat die Kiste bereits erreicht und dir bleibt nichts anderes übrig, als dich zurückzuziehen und die Kiste dem Meer zu überlassen. Die Wellen nehmen sie mit auf das offene Wasser hinaus.

Du legst dich noch ein wenig in den warmen Sand und denkst über das nach, was du in der Schatzkiste gesehen hast.
(längere Pause)
Dann kommst du wieder zurück in diesen Raum.
Recke und strecke dich kräftig. Atme ein paar Mal tief ein und aus. Balle die Hände zu Fäusten und öffne langsam die Augen."

Nach der Fantasiereise haben die Kinder vielleicht Lust zu erzählen, wie es ihnen am Strand ergangen ist und was sie in der Schatzkiste entdeckt haben.

DIE SCHATZKARTE

MASSAGE

Material: Bodenmatten für die Hälfte der Kinder

Die Kinder bilden Paare. Ein Kind jedes Paares legt sich in Bauchlage auf die Bodenmatte, sein Partner kniet sich daneben. Das liegende Kind ist nun ein Stück Leder, Pergament, Holz o. Ä. Der Partner verwandelt sich in einen Piraten. Er malt eine Schatzkarte, damit er immer weiß, wo genau sein Schatz vergraben ist.
Dazu wird zunächst der Umriss der Schatzinsel auf den Rücken des liegenden Kindes gezeichnet. Es folgen Berge, ein Flusslauf, Bäume, vielleicht auch eine Hütte und das Meer. Hier sind der Fantasie des Schatzkarten-Malers keine Grenzen gesetzt. Je mehr Details auf der Karte aufgezeichnet sind, umso leichter ist es, den Schatz später wieder zu finden. Am Ende wird aber auf jeden Fall ein kräftiges Kreuz an die Stelle gesetzt, an der der Schatz vergraben ist.
Kann das liegende Kind diese Stelle erkennen und benennen? Wenn ja, dann tauschen die beiden Kinder ihre Plätze. Kann das liegende Kind die Stelle des Kreuzes dagegen nicht zuordnen und benennen, wiederholt der Pirat das Einzeichnen des Kreuzes, bis der Schatz „gefunden" wurde. Dann tauschen auch hier die Kinder wieder ihre Plätze.

STELL DIR VOR, DU BIST EIN PIRAT!

FANTASIEREISE

Material: 1 Bodenmatte pro Kind

Die Kinder legen sich in bequemer Position auf die Bodenmatten. Sind sie zur Ruhe gekommen, schließen sie die Augen. Sprechen Sie nun langsam und deutlich den folgenden Text. Bauen Sie immer wieder kleine Pausen ein, denn diese geben den Kindern die Möglichkeit, sich in das Gehörte zu vertiefen und in ihrer Fantasie damit umzugehen.

„Stell dir vor, du bist ein Pirat.
Wie siehst du als Pirat aus? Bist du groß oder klein? Hast du einen Bart? Trägst du eine Augenklappe?
Wie bist du angezogen? Trägst du eine Piratenmütze oder ein Kopftuch?
Welche besonderen Fähigkeiten hast du? Kannst du vielleicht gut mit dem Säbel umgehen?
Bist du sehr stark oder sehr mutig, oder bist du ein sehr schlauer Pirat?
Schlüpfe nun in die Rolle deines Helden. Stell dir vor, du bist der Pirat.
Es geht dir gut. Du fühlst dich wohl.
(längere Pause)
Nun wird es Zeit, wieder langsam in diesen Raum zurückzukommen. Du wirst wieder du selbst. Verabschiede dich von deinem Helden. Du kannst jederzeit wieder seine Rolle übernehmen.
Recke und strecke dich kräftig. Atme tief ein und aus und öffne langsam deine Augen.“

Bieten Sie den Kindern an, hinterher in einer kurzen Reflexionsrunde über ihre Rolle als Pirat zu sprechen. Vielleicht wollen die Kinder aber auch ein Bild malen, das sie als Pirat zeigt.

DIE PIRATENHÖHLE

FANTASIEREISE

Material: 1 Bodenmatte pro Kind

Die Kinder legen sich in einer bequemen Position auf die Bodenmatten. Wer zur Ruhe gekommen ist, schließt die Augen. Haben alle ihre Augen geschlossen, kann es losgehen. Sprechen Sie nun langsam und deutlich den folgenden Text. Bauen Sie auch hier zwischendurch immer wieder kleine Pausen ein, in denen sich die Kinder in das Gehörte vertiefen können.

„Heute besuchen wir eine Höhle.
Sie liegt auf einer einsamen Insel. Hier ist es ganz still und friedlich. Die Vögel zwitschern. In der Krone eines Baumes raschelt es. Du schaust nach oben. Dort sitzt ein Eichhörnchen und schaut dich neugierig an. Auf dem Weg durch den Wald verursachen deine Schritte keinen Lärm. Der Waldboden ist ganz weich. Er ist mit Moos gepolstert. Ganz ruhig ist es hier.
Der Weg führt dich nun nach oben, bis du schließlich ein kleines Plateau erreichst. Als du dich umdrehst, stehst du genau vor dem Eingang der Höhle. Hier, so erzählt man, haben einmal Piraten gehaust.
Du setzt dich vor den Höhleneingang. Vor dir liegt das weite Meer. Die Vögel zwitschern, Schmetterlinge fliegen umher. Es ist angenehm still um dich herum. Du genießt diese Stille. Dein Blick wandert über das ruhige Wasser. Kein Geräusch dringt von dort unten zu dir empor. Nur das Zwitschern der Vögel und der Wind, der sanft durch die Kronen der Bäume zieht, sind hier oben zu hören.
Du denkst an die Piraten, die hier oben gelebt haben. Ob sie wohl auch vor ihrer Höhle saßen und die Ruhe genießen konnten? Konnten auch sie dem Zwitschern der Vögel zuhören und den Blick in die Ferne schweifen lassen?
Du ruhst dich noch ein klein wenig hier oben vor der Piratenhöhle aus.
(längere Pause)
Dann machst du dich langsam auf den Weg zurück.

Wenn du wieder am Ausgangsort angekommen bist, öffnest du langsam die Augen. Du reckst und streckst dich kräftig und atmest tief ein und aus, bevor du aufstehst."

Nach der Fantasiereise können Sie den Kindern auch hier wieder anbieten, darüber zu sprechen, wie sie sich in ihrer Rolle als Besucher der Pirateninsel gefühlt haben. Vielleicht möchten die Kinder ein Bild von der Pirateninsel mit der Piratenhöhle malen.

RITTER UND EDLE RECKEN

Ein Ritter, das ist ein mutiger Mann,
im Kampf hat er stets eine Rüstung an.
Hoch zu Ross, so reitet er stolz umher,
seine Rüstung, die ist ganz schön schwer.
Er kämpft sehr tapfer mit Schwert und mit Schild
um die Gunst von Burgfräulein Kriemhild.

DIE KRÖNUNG DES KÖNIGS

STILLE-SPIEL

Material: 1 kleiner Gummiring o. Ä.

Ein Kind übernimmt die Rolle des Königs. Dieser ist sehr müde, da er schon den ganzen Tag an seiner Krönungsfeier teilnimmt. Nun fallen ihm die Augen zu. Dadurch bemerkt er gar nicht, dass er endlich die Krone aufgesetzt bekommt. Kann er, als er erwacht, erraten, wer ihn gekrönt hat?

Der König sitzt in der Spielfeldmitte. Die anderen Kinder sitzen im Kreis um ihn herum. Der König schließt die Augen. Ein Kind bekommt nun die Krone (d. h. den Gummiring), schleicht sich an den König heran und setzt sie ihm vorsichtig auf den Kopf. Dann geht es leise wieder zurück an seinen Platz. Da die Zeremonie nun beendet ist, klatschen alle. Der König wacht davon auf und soll jetzt erraten, welches Kind ihm die „Krone" aufgesetzt hat. Gelingt es ihm, mit drei Versuchen das entsprechende Kind zu erkennen, dann tauschen die beiden ihre Plätze. Geling es dem König aber nicht, so muss er sein Glück in der nächsten Runde weiter versuchen.

EIN RITTER

FANTASIEREISE-RÄTSEL

Die Kinder nehmen eine bequeme Position im Sitzen ein. Wer zur Ruhe gekommen ist, schließt die Augen. Haben alle ihre Augen zu, dann lesen Sie den folgenden Rätseltext vor. Sprechen Sie dabei langsam und deutlich und machen Sie immer wieder kleine Pausen.

„Du bist ein Mensch.
Du trägst keine normalen Kleider, sondern eine Rüstung.
Sie ist sehr kostbar. Sie besteht aus einem Helm, der deinen Kopf schützt.
Außerdem trägst du ein Kettenhemd und darüber einen Brustpanzer.
Über dem Brustpanzer befindet sich dein Waffenrock. Er zeigt ein großes Wappen.

Und auch deine Arme, Hände, Beine und Füße sind durch Eisen geschützt.
Du siehst sehr eindrucksvoll in deiner Rüstung aus.
Sicher hast du schon erraten, wer du bist.
Wenn du dich in deiner Rüstung wohlfühlst, verweile noch ein wenig darin.
(längere Pause)
Genieße es, eine sichere Rüstung zu tragen, die dich schützt.
Wenn du dich nicht wohlfühlst, ziehe die Rüstung aus und werde wieder du selbst."

Lassen Sie den Kindern am Ende des Textes noch ein wenig Zeit, um sich in die Rolle des Ritters hineinversetzen zu können. Bitten Sie dann alle darum, langsam wieder ihre Augen zu öffnen. Das Rätsel kann nun gelöst werden und die Kinder können darüber berichten, wie sie sich als Ritter gefühlt haben.

TIPP Bitten Sie die Kinder, die Lösung des Rätsels bis zum Ende für sich zu behalten. Erst wenn alle wieder im Kreis zusammensitzen, wird das Rätsel gelöst und darüber gesprochen.

DAS RITTERFEST

FANTASIEREISE MIT ELEMENTEN DES AUTOGENEN TRAININGS

Material: 1 Bodenmatte pro Kind

Die Kinder legen sich in Rückenlage auf ihre Bodenmatten. Wenn alle zur Ruhe gekommen sind, bitten Sie die Kinder, ihre Augen zu schließen. Sprechen Sie nun den folgenden Text langsam und mit kleinen Pausen, sodass die Kinder Zeit haben, sich einzufühlen.

„Stell dir vor, du bist ein Ritter. Heute ist ein ganz besonderes Fest und alle Ritter treffen sich. Du bist auch eingeladen. Doch bevor das Fest beginnt, ruhst du dich noch ein wenig aus.
Du bist ganz ruhig und entspannt. Du fühlst dich wohl. Es geht dir gut. Ganz ruhig und entspannt liegst du da. Du bist ganz ruhig und entspannt. Du freust dich auf das Ritterfest.
Nun wird es Zeit, deine Ritterrüstung anzuziehen. Zuerst kommt das Kettenhemd dran. Du streifst es dir über. Es ist ganz schön schwer.
Du merkst an deinem ganzen Körper, wie schwer das Kettenhemd ist. Dein ganzer Körper fühlt sich angenehm schwer an. Alles ist ganz schwer. Du merkst, wie schwer sich das Kettenhemd anfühlt.
Dann streifst du den Waffenrock über. Er ist auch ganz schwer.
Alles ist ganz schwer, angenehm schwer. Du bist ganz ruhig und entspannt. Es geht dir gut. Dein Körper ist ganz schwer.
Zum Schluss ziehst du die Kettenstrümpfe an und setzt deinen Helm auf. Nun merkst du erst recht, wie schwer so eine Ritterrüstung doch ist.
Alles ist ganz schwer. Es geht dir gut. Du bist ganz ruhig und entspannt. Dein ganzer Körper fühlt sich angenehm schwer an. Alles ist schwer.
Nun bist du ein echter Ritter und kannst zum Ritterfest gehen. Schau dir alles genau an. Bleib eine Weile dort und lass es dir gut gehen.
Du spürst, wie angenehm schwer die Ritterrüstung ist. Du bist ganz ruhig und entspannt. Alles ist angenehm schwer.
(längere Pause)

Jetzt wird es Zeit, sich von den anderen Rittern zu verabschieden. Du ziehst deine Rüstung wieder aus. Es geht dir gut. Du kommst langsam wieder zurück in diesen Raum. Recke und strecke dich kräftig. Gähne ausgiebig. Atme tief ein und aus. Dann öffne langsam die Augen."

In einer kurzen Reflexionsrunde können die Kinder im Anschluss an die Fantasiereise darüber berichten, wie sie sich als Ritter gefühlt haben. Vielleicht möchten sie auch ein Bild eines Ritters in seiner Rüstung malen.

DIE RITTERRÜSTUNG PUTZEN

MASSAGE

Material: Bodenmatten für die Hälfte der Kinder

Bei einem großen Ritterturnier sind die Rüstungen der Kämpfer sehr schmutzig geworden. Nun müssen sie wieder sauber gemacht und ein wenig ausgebessert werden.
Die Kinder bilden Paare. Eines der Kinder aus jedem Paar schlüpft in die Rolle des Ritters. Das andere Kind stellt die Rüstung dar. Es legt sich auf die Unterlage oder bleibt stehen. Der Ritter putzt und schrubbt nun die ganze Rüstung sauber.
Leiten Sie die Kinder dazu an, die Rüstung zunächst mit imaginärem Wasser und einem Schwamm abzuwaschen. An manchen Stellen muss ein wenig kräftiger geschrubbt werden, da es dort besonders schmutzig ist. Anschließend wird alles mit einem Tuch trocken gewischt. Danach wird ein Öl aufgetragen und überall fest

eingerieben. Mit einem weichen Tuch wird die Rüstung nun poliert, damit sie auch schön glänzt. Zum Schluss wird jede Stelle genau untersucht und es werden kleinere Reparaturen ausgeführt. Am Ende der kleinen Massageeinheit tauschen die Kinder ihre Rollen.

EINEN KNAPPEN RAUBEN

WAHRNEHMUNGS-ÜBUNG

Die Kinder bilden zwei Gruppen, eine Ritter- und eine Knappen-Gruppe, wobei in der Gruppe der Knappen ein Kind weniger aufgestellt wird. Die Ritter stellen sich im Kreis auf, die Hände sind auf dem Rücken. Vor jedem Ritter positioniert sich ein Knappe.
Einer der Ritter geht aber leer aus, denn er hat keinen Knappen. Er versucht daher, einen Knappen zu „entführen“. Dazu schaut er möglichst unauffällig in die Richtung eines beliebigen Knappen und blinzelt ihm zu. Dies ist für den Knappen das Zeichen, schnell loszulaufen. Der dahinter stehende Ritter muss diese Flucht verhindern, indem er seinen Knappen festzuhalten versucht. Gelingt dem Knappen die Flucht, tauscht er mit dem Ritter, der ihn geraubt hat, den Platz. Und der Ritter wird nun zum Knappen.

DIE AUSSTELLUNG

WAHRNEHMUNGS-ÜBUNG

Material: 1 Gong, Glöckchen, Triangel o. Ä.

Im Museum wird eine Ausstellung mit Ritterrüstungen vorbereitet. Jeder Museumsangestellte hat eine Rüstung, die er aufstellen soll. Mit dem Gongschlag muss die Arbeit getan sein, denn dann öffnen sich bereits die Türen des Museums für die Besucher.

Die Kinder bilden zwei Gruppen: Eine Hälfte übernimmt die Rolle der Museumsangestellten, die zweite Gruppe verwandelt sich in Ritterrüstungen. Diese Kinder schließen die Augen. Sie werden nun von den Angestellten durch den Raum geführt (mit Schulterfassung). Sobald der Gong ertönt, ist die Übung beendet. Die Kinder, die geführt wurden, öffnen wieder ihre Augen und schauen sich um, wo sie sich gerade befinden. Konnten sie sich in etwa richtig orientieren? In einer zweiten Spielrunde tauschen die Kinder die Rollen.

VON WILDEN TIEREN

Löwen, Tiger, Krokodile,
wilde Tiere gibt es viele.
Dringst du ein in ihr Revier,
wird's gefährlich, glaube mir!
Sie haben dich zum Fressen gern,
drum halte dich von ihnen fern!

DER TIGER STREIFT UMHER

BEWEGUNGSSTOPP-SPIEL

Ein Kind übernimmt die Rolle des Tigers und versteckt sich im Raum. Die anderen Kinder gehen nun spazieren, laufen umher und spielen miteinander. Doch sobald der Tiger aus seinem Versteck kommt, müssen alle bewegungslos stehenbleiben. Denn sonst kann es gefährlich werden! Der Tiger schleicht eine Weile um die Kinder herum, schnüffelt mal hier, mal da an einem Bein. Vor einem Kind bleibt er schließlich stehen und faucht ganz laut. Dieses Kind übernimmt nun seine Rolle und verschwindet in dem Versteck.
Das Spiel kann mehrmals wiederholt werden, sodass jedes Kind die Möglichkeit bekommt, in die Rolle des Tigers zu schlüpfen.

EIN LÖWE

FANTASIEREISE-RÄTSEL

Material: evtl. 1 Bodenmatte pro Kind

Die Kinder nehmen eine bequeme Position im Sitzen oder im Liegen ein. Sind alle zur Ruhe gekommen, bitten Sie sie, ihre Augen zu schließen. Lesen Sie nun langsam und deutlich den folgenden Text vor. Machen Sie zwischendurch immer wieder kleine Pausen, in denen die Kinder Zeit haben, sich in das Gehörte zu vertiefen.

„Du bist ein Tier.
Du bist ein großes Tier. Du bist groß und stark.
Du bist auch sehr gefährlich.
Du lebst in Ländern, die weit von uns entfernt sind, z. B. in Afrika oder in Indien.
Du trägst ein Fell. Es hat die Farbe von gelbem Sand.
Um deinen Kopf herum befindet sich eine lange Mähne.
Du bist gerade von der Jagd zurückgekommen. Das war sehr anstrengend.

Du hast dich satt gefressen und nun liegst du im Gras und ruhst dich aus.
Es geht dir gut.
Du spürst die warme Sonne auf deinem Körper.
Um dich herum ist es ganz ruhig.
(längere Pause)
Sicher weißt du nun, welches Tier du bist.
Denke noch ein klein wenig nach.
Dann öffne die Augen und recke und strecke dich kräftig."

Nachdem die Kinder wieder im Hier und Jetzt sind, kann das Rätsel gelöst werden. Nacheinander können alle ihre Vorstellung äußern, in welches Tier sie sich in der kleinen Entspannungseinheit verwandelt haben.

DAS WILDE TIER

ENTSPANNUNGS- UND BEWEGUNGSÜBUNG

Material: evtl. 1 großes Tuch pro Kind

Alle Kinder suchen sich einen Platz im Raum und kauern sich auf den Boden. Zusätzlich kann noch jeder mit einem großen Tuch zugedeckt werden. So können die Kinder schneller zur Ruhe kommen und sich entspannen.
Sprechen Sie langsam und deutlich den folgenden Text. Kleine Pausen zwischendurch geben den Kindern die Gelegenheit, sich in das Gehörte zu vertiefen.

Mit hohem Laub ganz zugedeckt,
hat sich im Wald ein Tier versteckt.
Gefährlich ist es, glaube mir,
und ganz wild, das sag ich dir!

Noch liegt es dort ganz winzig klein,
zuckt ab und an mit einem Bein.
Dann wird es unruhig im Versteck,
steht langsam auf, rennt ganz schnell weg.

Am Ende stehen die Kinder langsam auf und bewegen sich als wilde Tiere im Raum umher.

TRÄGE WIE EIN KROKODIL

ENTSPANNUNGSÜBUNG

Material: 1 Bodenmatte pro Kind

Die Kinder machen es sich in der Bauch- oder Rückenlage auf den Bodenmatten bequem. Bitten Sie sie, ihre Augen zu schließen, und tragen Sie dann den folgenden Text langsam vor. Machen Sie auch hier wieder an passenden Stellen bewusst kurze Pausen, sodass alle Zeit haben, sich auf das Gehörte einzulassen.

Stell dir vor, du bist ein Krokodil,
liegst ganz träg und faul am Nil.
Streckst alle Viere von dir weg,
liegst ganz bequem auf deinem Fleck.

Machst dein Maul weit auf und zu,
schläfst dann ein in aller Ruh.
Die Sonne scheint auf Kopf und Rücken,
nichts ist am Zwicken, nichts am Drücken.

Du fühlst dich wohl als Krokodil,
ruhst dich gern aus am breiten Nil.
(längere Pause)

Doch bald ist's Zeit, um aufzustehn
und in den Nil zurückzugehn.

Weisen Sie die Kinder an, sich nach der Fantasiereise zu recken und zu strecken, kräftig zu gähnen und ein- bis zweimal tief ein- und auszuatmen, bevor sie aufstehen.
In einer kurzen Reflexionsrunde können anschließend alle erzählen, wie sie die kleine Entspannungseinheit wahrgenommen haben.

STELL DIR VOR, DU BIST EIN ADLER

FANTASIEREISE

Material: 1 Bodenmatte pro Kind

Die Kinder machen es sich in Rückenlage auf den Bodenmatten bequem. Lesen Sie nun den folgenden Text langsam und deutlich vor. Auch hier geben kleine Pausen während des Sprechens den Kindern die Möglichkeit, sich das Gehörte in ihrer Fantasie vorzustellen und damit zu arbeiten.

„Stell dir vor, du bist ein Adler.
Du bist ein großer, stolzer, majestätischer Greifvogel.
Dein großes Nest befindet sich in der Krone eines riesigen alten Baumes.
Stell dir vor, du stehst gerade in deinem Nest.
Von hier aus startest du deinen Flug.
Du breitest langsam deine riesigen Flügel aus.
Dann erhebst du dich in die Lüfte.
Du gleitest über die Wipfel der Bäume hinweg.
Ganz ruhig und gleichmäßig bewegen sich deine Flügel auf und ab, auf und ab.
Von hier oben hast du einen herrlichen Blick auf die Welt unter dir.
Deine Flügel tragen dich sicher durch die Lüfte.

Ganz ruhig und entspannt gleitest du durch die Luft.
Deine starken Flügel bringen dich mit jedem Flügelschlag ein gutes Stück voran.
Sie bewegen sich dazu einfach nur auf und ab, auf und ab.
Und so kannst du dir alles ganz entspannt von hier oben aus ansehen.
Fliege nun noch eine Weile umher und lass dich dort hintreiben, wohin du möchtest.
(längere Pause)
Nun wird es Zeit für dich, wieder auf die Erde zurückzukommen.
Lass dich langsam nach unten gleiten, bis du wieder sicheren Boden unter den Füßen hast.
Recke und strecke dich dann kräftig. Atme ein paar Mal tief ein und aus. Öffne deine Augen und sei wieder im Hier und Jetzt."

Sind alle Kinder wieder sicher „gelandet", sollte eine kurze Reflexionsrunde folgen. Hier haben alle Gelegenheit zu berichten, wie sie den Flug als Adler erlebt haben.

DIE KOBRA ERWACHT

YOGA-ÜBUNG

Material: 1 Bodenmatte pro Kind

Die Kobra ist eine Übung aus dem Yoga. Sie kräftigt die Rückenmuskulatur, beruhigt die Nerven, öffnet den Brustraum und unterstützt dadurch eine tiefe Lungenatmung.
Die Kinder legen sich auf den Bodenmatten auf den Bauch. Die Stirn ruht zunächst auf dem Boden, der Nacken ist gestreckt. Die Hände liegen mit den Handinnenflächen nach unten etwa in Brusthöhe auf dem Boden. Alle richten nun den Oberkörper langsam auf, bis die Arme gestreckt sind. Die Kinder atmen drei- bis viermal tief ein und lassen den Kopf nach hinten hängen. Dann rollen sie sich langsam wieder nach vorne ab und ruhen sich, gestreckt in der Ausgangsposition, wieder aus.
Sprechen Sie nun den Vers. Die Kinder richten sich nach Textvorgabe als Kobra auf. Sie atmen drei- bis viermal Mal tief ein, bevor sie sich auf dem Boden liegend ausruhen.

Die Kobra ist noch nicht erwacht,
schließlich ist's noch dunkle Nacht.
Sie ruht sich noch ein wenig aus,
träumt von einer leck'ren Maus.

Doch plötzlich wird sie hellewach.
Etwas vor ihr, das macht Krach.
Langsam drückt sie sich nach oben
und der Kopf wird hochgeschoben.

So verharrt sie eine Weile,
sie hat Zeit und keine Eile.
Atmet ein und atmet aus,
freut sich auf den Mittagsschmaus.

Doch langsam legt sie sich dann wieder
hin und schließt die Augenlider.

TIPP Es empfiehlt sich, zunächst einmal die einzelnen Schritte der „Kobra" mit den Kindern auszuprobieren, bevor sie die ganze Übung machen.

EULEN IM HEXENWALD

ENTSPANNUNGSÜBUNG MIT ELEMENTEN DER KINESIOLOGIE

Zeigen Sie den Kindern zunächst, wie der Eulenschrei durchgeführt wird. Legen Sie dazu die rechte Hand auf die linke Schulter. Drehen Sie den Kopf so weit wie möglich nach links. Greifen sie dabei mit der rechten Hand die Schultermuskeln Ihrer linken Schulter so fest, wie es für Sie noch angenehm ist, und rufen Sie: „Huhu ...!" Lösen Sie die Haltung wieder

und lassen Sie den Kopf langsam nach vorne fallen. Wiederholen Sie die Übung mit der anderen Seite.
Sprechen Sie nun den folgenden Vers, während die Kinder als Eulen im Raum „umherfliegen“.

Im Hexenwald sind in der Nacht
die großen Eulen schon erwacht.
Nun kommen sie ganz flink herbei
und rufen ihren Eulenschrei:

„Huhu, huhu, huhu,
huhu, huhu, huhu!
Schuschu, schuschu, schuschu,
schuschu, schuschu, schuschu!“

Am Ende des Verses treffen sich alle Eulen, um gemeinsam den Eulenschrei zu rufen. Dann fliegen alle wieder davon und treffen sich nach ein paar Flugrunden erneut.

DINOSAURIER

Einst wanderten die Saurier hier umher,
doch heute, da gibts keine mehr.
Sind von der Erde ganz und gar verschwunden,
nur Knochen werden immer noch gefunden.
Der größte Dino, der ist allen gut bekannt,
Tyrannosaurus Rex wird er genannt.

EIN ULTRASAURUS

FANTASIEREISE-RÄTSEL

Material: 1 Bodenmatte pro Kind

Die Kinder nehmen im Sitzen oder Liegen eine entspannte Haltung ein. Wenn alle zur Ruhe gekommen sind, bitten Sie sie, ihre Augen zu schließen. Lesen Sie dann langsam und deutlich den folgenden Text vor. Machen Sie dabei immer wieder kleine Pausen, in denen die Kinder ihrer Fantasie freien Lauf lassen können.

„Du lebst in einer längst vergangenen Zeit.
Es gibt noch keine Menschen auf der Erde.
Du bist ein Tier.
Du bist ein sehr großes Tier.
Du bist sogar eines der größten Tiere, das zu deiner Zeit lebt.
Wenn du dich bewegst, bebt der Boden.
Du frisst nur Pflanzen. Mit deinem langen Hals kommst du an die höchsten Äste der Bäume.
Von da oben hast du einen guten Blick. So kannst du immer sehen, wenn ein Feind naht.
Sicher weißt du schon, welches Tier du bist. Schau dich noch ein wenig um, da, wo du bist.
Schau dir all die anderen Tiere an, die mit dir leben.
(längere Pause)
Komme nun wieder langsam in diesen Raum zurück. Recke und strecke dich. Atme tief ein und aus. Dann öffne deine Augen."

Am Ende der Entspannungseinheit wird das Rätsel natürlich gelöst. Vielleicht wollen sich die Kinder anschließend noch ein wenig als Dinosaurier im Raum bewegen?

DINOSAURIER-EIER

WAHRNEHMUNGS-ÜBUNG

Material: 4 bis 6 große Plastik-Eier, 4 bis 6 andere Gegenstände (kleine Bälle, große Perlen o. Ä.), evtl. Augenbinden für alle Kinder

Höhlenforscher haben eine Höhle entdeckt, in der vor Tausenden von Jahren Dinosaurier lebten. In der Höhle befindet sich noch ein Nest mit ihren Eiern. Die Höhlenforscher wollen die Eier nun ans Tageslicht bringen, um sie genauer untersuchen zu können. Leider liegen in dem Nest auch noch ein paar andere Dinge, die besser in der Höhle liegen bleiben sollten. Die Höhlenforscher müssen also darauf achten, nur die Dinosaurier-Eier zu finden. Dies ist keine leichte Aufgabe, da es in der Höhle stockdunkel ist.

Die Kinder sitzen oder stehen im Kreis und halten ihre Augen geschlossen bzw. bekommen sie mit Augenbinden verbunden. Die Hände befinden sich anfangs hinter dem Rücken. Geben Sie nun nacheinander die in der Materialliste aufgeführten Gegenstände in den Kreis. Dort werden sie von Kind zu Kind weitergegeben, bis sie wieder bei Ihnen angekommen sind. Aufgabe der Kinder ist es, herauszufinden, wie viele Dino-Eier (d. h. Plastik-Eier) sie zählen konnten. Kommen alle Höhlenforscher auf die gleiche Anzahl? Wenn ja, ist das Spiel zu Ende. Sind sich die Forscher nicht einig, kann das Ergebnis in einer weiteren Spielrunde überprüft werden.

EIN FLUGSAURIER SCHLÜPFT

ENTSPANNUNGS- UND BEWEGUNGSÜBUNG

Die Kinder verwandeln sich in kleine Flugsaurier. Da sie aber noch nicht aus ihren Eiern geschlüpft sind, knien sich alle hin und machen sich ganz klein. Der Kopf ruht dabei auf den Oberschenkeln. Sprechen Sie nun den folgenden kleinen Text betont langsam und deutlich.

Du liegst im Ei, noch winzig klein,
wirst bald ein Dinosaurier sein.
Du fühlst dich wohl, es geht dir gut,
du liegst entspannt und ausgeruht.

Träumst von deinem neuen Leben,
siehst dich durch die Lüfte schweben.
Siehst, wie Winde dich aufs Meer raustragen,
dort kannst du ungestört nach Fischen jagen.

Da merkst du, es wird dir im Ei zu eng
und plötzlich macht es auch schon „peng!"
Die Eierschale bricht entzwei,
Gott sei Dank, nun bist du frei!

Du spürst den warmen Sommerwind *(bzw. Herbst-, Winter-, Frühlingswind)*,
fliegst fort als Dinosaurier-Kind.

Am Ende der Entspannungseinheit stehen die Kinder auf und fliegen als Flugsaurier durch den Raum.

EIN DINOSAURIER STAMPFT UMHER

WAHRNEHMUNGS-ÜBUNG

Material: 1 Bodenmatte pro Kind

Die Kinder machen es sich in der Bauchlage auf ihren Bodenmatten bequem und schließen die Augen. Ein Ohr sollte dabei auf dem Boden liegen. Schlüpfen Sie nun in die Rolle eines großen, schweren Dinosauriers und gehen Sie zwischen den liegenden Kindern umher. Damit kein Kind verletzt wird, sollte sich dabei am besten keiner bewegen. Solange die Kinder die schweren Schritte des Dinosauriers hören, bleiben sie liegen. Erst wenn sich die Schritte entfernen und alles wieder ruhig ist, dürfen sie die Augen öffnen und aufstehen.
Konnten Sie den Dino hören und seinen Weg verfolgen?

AUF DER DINO-INSEL

STILLE-SPIEL

Material: 1 großes rundes Tablett mit Rand, Knetmasse, 1 Räucherkegel, Sand, kleine Figuren (Palmen, Dinosaurier, Steine etc.), Streichhölzer

Basteln Sie zunächst mit den Kindern einen Vulkan aus Knetmasse. Auf seiner Spitze wird eine kleine Vertiefung gemacht, in die der Räucherkegel gesetzt wird. Stellen Sie den Vulkan in die Mitte eines großen runden Tabletts mit Rand. Anschließend gestalten die Kinder das Tablett um den Vulkan herum mit dem Sand, den Steinen, Pflanzen und Dinos, um so eine Landschaft zu Dinosaurier-Zeiten darzustellen.

Nun setzen sich alle in einem Kreis um dieses Tablett herum. Zünden Sie den Räucherkegel an. Die Kinder beobachten den aufsteigenden Rauch und können dabei eigene innere Bilder entstehen lassen. Während der Räucherkegel brennt, sollte möglichst nicht gesprochen werden! Ist der Vulkan dann erloschen, können die Kinder von ihren inneren Erlebnissen berichten.

DIE DINO-FUNDGRUBE

STILLE-SPIEL

Material: 1 große Kiste oder Schüssel, Sand, 1 Tee- oder Suppenlöffel, kleine Dinosaurier-Figuren in der Anzahl der mitspielenden Kinder

Füllen Sie eine große Kiste oder Schüssel mit Sand und verstecken Sie darin die Dinosaurier-Figuren. Die Kinder werden nun zu Dinosaurier-Forschern, die gemeinsam auf Dino-Suche gehen. Sie hoffen, in einer Sandgrube die Überreste von Dinosauriern zu finden. „Bewaffnet" mit Schaufeln (d. h., je nach Sandmenge und Kisten- bzw. Schüsselgröße, mit Suppen- oder Teelöffeln) machen sie sich an die Arbeit. Reihum wird mit der „Schaufel" der Sand aus der Kiste bzw. Schüssel „geschaufelt" (bzw. gelöffelt). Dabei sollten die Kinder nach Möglichkeit nicht sprechen und sich alle auf die Ausgrabung konzentrieren. Dinos, die die Kinder aus dem Sand schaufeln, werden zur Seite gelegt. Das Spiel ist beendet, wenn alle Dinos entdeckt und ausgegraben wurden.

IM DINOSAURIER-MUSEUM

BEWEGUNGSSTOPP-SPIEL

Material: 1 Taschenlampe

Der Raum sollte für dieses Bewegungsstopp-Spiel abgedunkelt werden. Ein Kind übernimmt die Rolle des Museumswächters. Es bekommt die Taschenlampe in die Hand. Alle anderen Kinder verwandeln sich in Dinosaurier. Sie stehen tagsüber bewegungslos im Museum. Sobald es aber dunkel wird und keine Besucher mehr da sind, werden sie lebendig, laufen, tanzen und springen umher. Der Museumswächter hört den Lärm, den sie dabei verursachen. Um nachzusehen, was los ist, knipst er seine Taschenlampe an. Dies ist das Zeichen für alle Dinosaurier, sofort in ihren Bewegungen zu erstarren. Der Museumswächter schaut sich nun genau um. Erwischt er einen Dino, der sich doch noch bewegt, muss dieser die Rolle mit ihm tauschen.

GEISTER UND FABELWESEN

Viele Wesen gibts nur in der Fantasie,
in Wirklichkeit sieht man sie aber nie.
An Vampire und Geister zu glauben, fällt schwer,
sie spuken nur in uns’ren Köpfen umher.
Sie besuchen uns nur in Geschichten und Sagen,
bereiten uns trotzdem manch Unbehagen.

RÜBEZAHL GEHT SPAZIEREN

WAHRNEHMUNGS-ÜBUNG

Material: 1 Bodenmatte pro Kind

Rübezahl ist ein Riese. Manchmal kommt er von seinem Berg herab und spaziert durch das Tal, in dem die Menschen wohnen. Dann ist es besser, sich mucksmäuschenstill zu verhalten und zu warten, bis der Riese wieder verschwunden ist. Wer sich bewegt, dem kann es passieren, dass ihm der Riese aus Versehen auf den Fuß oder die Hand tritt. Und da Rübezahl recht große Füße hat, kann dies sehr schmerzhaft sein!
Alle Kinder legen sich auf ihre Bodenmatten und schließen die Augen. Ein Kind übernimmt die Rolle des Riesen. Es geht nun zwischen den liegenden Kindern umher. Solange der Riese spazieren geht, darf sich niemand bewegen. Erst wenn keine Schritte mehr zu hören sind, dürfen die liegenden Kinder wieder die Augen öffnen.
Konnten sie erkennen, wo der Riese entlanglief und in welche Richtung er verschwunden ist?

HERR KLEIN, DER GROSSE RIESE

MASSAGE

Material: Bodenmatten für die Hälfte der Kinder

Die Bodenmatten werden im Raum ausgelegt. Die Kinder bilden Paare. Eines der Kinder aus jedem Paar legt sich in Bauchlage auf die Bodenmatte. Sein Partner kniet sich daneben und führt die im folgenden Text beschriebenen Massage-Bewegungen auf der Körperrückseite des liegenden Kindes aus.

Herr Klein, der große Riese, geht über die bunte Blumenwiese.	*Mit den flachen Händen langsam über die Körperrückseite „gehen“*
Läuft tapsig in den Wald hinein, stolpert über Stock und Stein.	*Mit den Händen über die gesamte Körperrückseite „laufen“*
Fällt hin, steht auf, fällt wieder hin, das macht doch alles keinen Sinn.	*Mit den flachen Händen auf den Rücken patschen*
Im Wald fühlt er sich nicht zu Haus, drum läuft er ganz schnell wieder raus.	*Die Hände ganz schnell über den Rücken „laufen“ lassen*
Läuft nun nach Haus im Nu, legt sich dort ganz rasch zur Ruh. Höre ihm beim Schnarchen zu!	*Sich mit dem eigenen Oberkörper über das liegende Kind legen und dabei schnarchen*

Am Ende der Massage bleibt der Masseur mit dem Oberkörper so lange auf dem Partner liegen, bis dieser zu erkennen gibt, dass er die Übung beenden möchte (z. B. dadurch, dass er sich schüttelt, die Hand hebt, „Stopp!“ sagt, sich unter dem „Riesen“ herauswindet o. Ä.). Entsprechendes kann vor der Übung mit den Kindern besprochen und festgelegt werden. In einer weiteren Massagerunde tauschen die Kinder die Plätze.

EIN ZAUBERER

FANTASIEREISE-RÄTSEL

Material: 1 Bodenmatte oder 1 Stuhl pro Kind

Die Kinder machen es sich auf der Bodenmatte oder auf einem Stuhl bequem und schließen ihre Augen. Dann geht das Fantasiereise-Rätsel los, indem Sie langsam und mit Pausen den folgenden Text vorlesen:

„Du bist ein Mann.
Du trägst einen langen Umhang, der fast bis zum Boden reicht. Er ist mit magischen Symbolen bestickt.
Auf deinem Kopf sitzt ein großer, spitzer Hut.
Du bist schon sehr alt und auch sehr weise.
Du hast einen langen, weißen Bart. Und auch deine Haare sind schon lange ergraut. Aber das stört dich nicht.
Du fühlst dich stark und mächtig, denn du besitzt magische Kräfte. Du kannst zaubern.
(längere Pause)
Hast du erraten, wer du bist?
Dann komm langsam wieder zurück in diesen Raum und werde wieder du selbst.
Recke und strecke dich. Vielleicht möchtest du auch gähnen.
Dann öffne die Augen."

Sind alle Kinder wieder im Hier und Jetzt, wird das Rätsel gelöst. Vielleicht möchten die Kinder anschließend noch ein Bild malen, das sie in ihrer Rolle als Zauberer zeigt?

DER ZAUBERER GEHT UMHER

WAHRNEHMUNGS-ÜBUNG

Material: 1 kleiner Gegenstand pro Kind

Eines der Kinder verwandelt sich in einen Zauberer. Alle anderen Kinder suchen sich, im Raum verteilt, einen Platz und setzen sich hin. Jedes Kind legt einen kleinen Gegenstand hinter, vor oder neben sich auf den Boden und schließt seine Augen.
Der Zauberer geht zwischen den Kindern umher. Er hat natürlich alle Kinder verzaubert, sodass sie sich nicht mehr bewegen können und auch ihre Augen geschlossen bleiben. Der Zauberer stiehlt von einigen Kindern die Gegenstände. Dann verschwindet er wieder.
Die Kinder erwachen aus ihrem Zauberschlaf, lassen aber ihre Augen weiterhin geschlossen. Durch Handzeichen zeigen sie an, wenn sie denken, vom Zauberer bestohlen worden zu sein.
Spricht der Zauberer: „1, 2, 3, der Zauber ist vorbei!“, dann dürfen die Kinder ihre Augen öffnen und kontrollieren, ob sie mit ihrer Vermutung recht haben.

DAS SCHLOSS-GESPENST

STILLE-SPIEL

Material: 1 Chiffontuch, evtl. Bodenmatten für alle Kinder bis auf eines

Die Kinder haben einen Ausflug zu einem Schloss gemacht. Leider ist die Heimfahrt am Abend nicht mehr möglich, da ein starkes Gewitter aufgezogen ist. Nun müssen alle im Schloss übernachten. Dort lebt jedoch ein altes Gespenst, das nachts durch die Räume spukt. Wer von ihm berührt wird, der muss mit ihm die Rolle tauschen und wird selbst zum Gespenst.

Die Kinder legen sich ganz entspannt auf den Boden bzw. die Bodenmatten und schließen die Augen. Eines der Kinder schlüpft nun in die Rolle des Schlossgespensts. Es bekommt das Chiffontuch und bewegt sich damit möglichst lautlos zwischen den liegenden Kindern hindurch. Bei einem der liegenden Kinder bleibt es schließlich stehen und lässt das Tuch ganz sanft über einen beliebigen Körperteil dieses Kindes gleiten. Spürt das liegende Kind die Berührung, dann öffnet es die Augen, steht leise auf und tauscht mit dem Gespenst seinen Platz. Reagiert das liegende Kind aber nicht auf die Berührung, dann geht das Gespenst weiter und versucht sein Glück bei einem anderen Kind.
Konnten alle einmal in die Rolle des Gespenstes schlüpfen, ist das Spiel zu Ende.

EIN GESPENST

FANTASIEREISE-RÄTSEL

Material: 1 kleiner Gong, evtl. 1 Bodenmatte pro Kind

Die Kinder nehmen eine bequeme Position im Sitzen oder Liegen ein. Bitten Sie sie, die Lösung des folgenden Rätsels so lange für sich zu behalten, bis die Entspannungsphase beendet ist. Laden Sie die Kinder nun dazu ein, ihre Augen zu schließen. Dann kann das Rätselraten beginnen, indem Sie die folgende Fantasiereise langsam und mit Pausen vorlesen:

„Du lebst in einem großen, alten Schloss.
Hier wohnst du schon seit Tausenden von Jahren.
Sobald die große Schlossuhr Mitternacht geschlagen hat, wirst du munter.
Dann schwebst du durch die Räume des Schlosses und spukst umher.

Du trägst ein weißes, wallendes Gewand.
Ganz majestätisch schwebst du umher.
Niemand kann dich fassen.
Manchmal treibst du Schabernack mit den Menschen.
Du erschreckst sie, indem du ganz dicht an ihnen vorbeischwebst.
Aber sobald es draußen hell wird, musst du wieder verschwinden.
Sicher hast du schon längst erraten, was du bist.
Schwebe nun noch eine kleine Weile in deinem Schloss umher.
Dann ruhst du dich in einer dunklen Kammer des Schlosses aus.
(längere Pause)
Wenn der Gong zwölfmal schlägt, kommst du wieder zurück in diesen Raum."

Schlagen Sie nach einer kleinen Pause am Ende des Textes den Gong zwölfmal sanft an. Dies ist das Zeichen für die Kinder, ihre Augen zu öffnen und wieder im Hier und Jetzt zu sein.
In einer kurzen Reflexionsrunde wird das Rätsel gelöst und die Kinder können von ihrem Erlebnis als Schlossgespenst berichten.

DER AUSFLUG DER VAMPIRE

WAHRNEHMUNGS-ÜBUNG

Alle Kinder verwandeln sich in Vampire. Die Blutsauger sind bekanntermaßen nur nachts aktiv. Sobald sich die ersten Sonnenstrahlen zeigen, müssen sie sich schnell in ihr Versteck zurückziehen. Wo das Versteck ist, wird von den Vampiren vor Spielbeginn festgelegt. Hier ruhen sie sich von der anstrengenden Nacht aus, bevor es bei Sonnenuntergang wieder losgeht.

Ein Kind übernimmt die Rolle der Sonne. Es hockt sich in die Mitte des Raumes. Solange es still sitzt, können die Vampire sich frei bewegen. Beginnt sich das Kind in der Mitte aber aufzurichten, werden die Vampire langsamer. Steht das Kind aufrecht und hat die Arme ausgebreitet, müssen alle Vampire zurück in ihrem Versteck sein. Hier liegen sie bewegungslos, bis die Sonne wieder untergegangen ist.
Wer es nicht rechtzeitig schafft, in dem Vampir-Versteck zu verschwinden, und von den ersten Sonnenstrahlen getroffen wird, der tauscht in der nächsten Spielrunde seine Rolle mit dem Sonnen-Kind.

DER ZAUBERER KOCHT HEUTE BREI

WAHRNEHMUNGS-ÜBUNG

Material: 1 große Schüssel mit Wasser, 1 feuerfeste, schwimmfähige Schale, Räucherkohle, Räucherwerk (z. B. aus getrockneten und zerkleinerten Küchenkräutern), 1 Tuch, Streichhölzer

Legen Sie die Räucherkohle mit dem Räucherwerk in die feuerfeste, schwimmfähige Schale. Diese kommt wiederum in die große Schüssel, die nun mit Wasser gefüllt wird. Als Nächstes wird die Schüssel auf ein Tuch in die Mitte des Raumes gestellt und die Kinder setzen sich um die Schüssel herum. Wenn möglich, verdunkeln Sie den Raum ein wenig. Wenn alle zur Ruhe gekommen sind, zünden Sie das Räucherwerk an und sprechen anschließend den folgenden kleinen Vers.

Der Zauberer kocht heute Brei,
der Duft macht die Gedanken frei.
So kannst du nun ein wenig träumen,
denn es gibt gar nichts zu versäumen!

Die Kinder beobachten den aufsteigenden Rauch und träumen ein wenig vor sich hin. Ist das Räucherwerk verbrannt, bitten Sie alle, wieder langsam in das Hier und Jetzt zu kommen. Wer möchte, kann kurz von seinen Gedanken berichten, die er während des Beobachtens des Rauchs hatte.

KEINE ANGST VOR DRACHEN!

In Sagen und Märchen kann man es lesen:
Drachen, das sind ganz mystische Wesen.
Es sind gar gefährliche Ungeheuer,
aus ihrem Maul, da spucken sie Feuer.
Nur ein Held kann deshalb 'nen Drachen bezwingen
und dessen Schatz in Sicherheit bringen.

DEN DRACHEN ATMEN HÖREN

WAHRNEHMUNGS-ÜBUNG

Material: 1 Luftpumpe, evtl. Augenbinden für alle Mitspieler bis auf einen

Es ist dunkle Nacht. Einige Mutige und Tapfere haben sich auf den Weg gemacht, um die Höhle des Drachen zu finden und ihn seiner Schätze zu berauben. Da es Nacht ist, wissen sie, dass der Drache schläft. Nur sein Drachenatem ist zu hören. Er dient ihnen als Orientierung, um den Weg zur Höhle zu finden.

Eines der Kinder übernimmt die Rolle des Drachen. Es bekommt die Luftpumpe. Sobald alle anderen ihre Augen geschlossen oder verbunden haben, sucht sich der Drache einen Platz im Raum, der etwas weiter weg von den anderen Kindern ist. Hier betätigt er ab und zu langsam die Luftpumpe. Die anderen Kinder versuchen, den Drachen aufgrund dieser „Atemgeräusche" zu orten und zu finden. Wer den Drachen erreicht hat, öffnet die Augen bzw. nimmt seine Augenbinde ab und verhält sich mucksmäuschenstill. Erst wenn alle Kinder beim „Drachen" angekommen sind, ist das Spiel zu Ende.

DEN DRACHEN SPÜREN

WAHRNEHMUNGS-ÜBUNG

Material: Bodenmatten für die Hälfte der Kinder

Die Kinder bilden Paare. Ein Kind aus jedem Paar legt sich mit dem Bauch auf die Bodenmatte und schließt die Augen, sein Partner kniet sich daneben und spielt nun den Drachen. Es beugt sich über das liegende Kind und haucht seinen Atem auf mehrere Körperstellen seines Spielpartners. Dieser versucht, die Stellen zu erkennen und zu benennen. Nach fünf bis sechs Atemzügen tauschen die beiden Kinder ihre Plätze.

IN DER DRACHENSCHULE

ATEM- UND WAHRNEHMUNGSÜBUNG

Feuerspucken ist vielen Drachen zwar in die Wiege gelegt, aber um ein wirklich imposantes und beeindruckendes Feuer speien zu können, müssen die Drachen viele Jahre üben. Dabei kommt es auf die richtige Atemtechnik an. Vor allem das langsame und dadurch lang anhaltende Ausatmen ist für das Feuerspucken von großer Bedeutung.

Die Kinder besuchen die Drachenschule. Heute steht Feuerspucken auf dem Lehrplan. Alle nehmen eine bequeme Position im Stehen ein. Sie stellen sich vor, kleine Drachen zu sein, die das Feuerspucken üben. Die Kinder atmen tief durch die Nase ein. Dabei wölbt sich der Bauch nach außen. Dann wird durch den Mund langsam wieder ausgeatmet. Der Bauch wird wieder flach. Das Ausatmen wird mit einem Ton begleitet, über den sich die Kinder zuvor einigen (z. B. Fauchen wie ein Drache). Nach Möglichkeit schließen alle während der Übung ihre Augen. So können die Kinder in ihrer Fantasie vielleicht sogar das Feuer wahrnehmen, das aus ihrem „Drachenmaul“ kommt.

Nach zwei bis drei tiefen Atemzügen ist eine Pause angesagt. Die Kinder fliegen nun als Drachen umher und bewegen sich ausgiebig im Raum, bevor eine weitere Übungseinheit beginnt.

IN DER DRACHENHÖHLE

STILLE-SPIEL

Material: 1 Teelicht im Glas, 1 Spielzeugkrone o. Ä.

Eine Gruppe von Abenteurern hat sich auf den Weg gemacht, um in einer dunklen Höhle nach dem Schatz eines Drachen zu suchen. Der Drache schläft gerade, sodass die Abenteurer sich an ihm vorbeischleichen wollen, um den Schatz zu stehlen. Leider haben sie nur eine einzige Fackel (das Teelicht im Glas) dabei. Der Schatz (z. B. eine Spielzeugkrone o. Ä.) befindet sich am anderen Ende der Höhle.
Damit sie sich nicht verlaufen oder in der Höhle verletzen, bilden die Abenteurer eine Reihe. Das erste Kind in der Reihe bekommt das Teelicht. Es gibt das Licht an das nächste Kind weiter. So wandert es von Kind zu Kind, bis es am Ende der Schlange angekommen ist. Das letzte Kind nimmt das Teelicht, geht damit leise und langsam an der Reihe der Kinder vorbei, bis zu deren Anfang, und stellt sich dort als Erster hin. Dann gibt es das Teelicht wieder an das hinter ihm stehende Kind ab.
So wandert das Teelicht im Glas immer wieder von Kind zu Kind und die Kinder kommen dabei gleichzeitig Stück für Stück dem Schatz immer näher. Haben sie ihn erreicht, ist das Spiel zu Ende.

TIPP Für dieses Spiel sollte der Raum abgedunkelt werden, denn dies unterstützt das Zur-Ruhe-Kommen der Kinder.

DRACHENREITER

FANTASIEREISE

Material: 1 Bodenmatte pro Kind

Die Kinder machen es sich in Rückenlage auf den Bodenmatten bequem. Alle schließen nach Möglichkeit ihre Augen, denn dies erleichtert das Zuhören und unterstützt den Blick „nach innen“. Lesen Sie dann ruhig, langsam und mit Pausen den folgenden Fantasiereise-Text vor.

„Stell dir vor, du lebst in einer Zeit, die schon weit zurückliegt. Auf der Erde leben noch Drachen, die es gut mit den Menschen meinen. Manche Menschen haben eine besondere Beziehung zu einem Drachen aufgebaut. Dieser Drache ist dann ganz friedlich und lässt einen Menschen sogar auf sich reiten.
Und nun stell dir vor, ein solcher Drache steht jetzt vor dir.
Er lädt dich ein, mit ihm durch die Lüfte zu fliegen. Zunächst bist du vielleicht noch ein wenig ängstlich, aber der Drache versichert dir, dass es nicht gefährlich ist und dass er gut auf dich aufpasst.
Also entscheidest du dich, das Angebot des Drachen anzunehmen. Du kletterst auf den Rücken des Drachen. An den Schuppen seiner Haut kannst du dich gut festhalten. Du siehst dich ein wenig um. Von hier oben sieht alles ganz anders aus.
Und dann geht es auch schon los: Der Drache breitet seine Flügel aus und hebt vom Boden ab. Ihr fliegt! Du bist der Drachenreiter!
Du bestimmst, wie hoch der Drache fliegt. Du bestimmst auch, wie schnell er fliegt und wohin die Reise geht. Reite nun auf deinem Drachen durch die Lüfte.
(längere Pause)
Der Drache wird langsam müde vom Fliegen. Er setzt zur Landung an.
Der Drache hat dich an den Platz zurückgebracht, von dem aus ihr weggeflogen seid. Als er wieder auf dem Boden steht, kletterst du von seinem Rücken herunter. Du bedankst dich bei ihm für die schöne Zeit und dass du auf ihm reiten durftest.

Dann verabschiedest du dich von ihm. Der Drache fliegt davon. Du schaust ihm noch ein wenig nach, bis er in der Ferne verschwindet.
Jetzt merkst du erst, wie anstrengend der Flug doch war. Du ruhst dich noch ein wenig aus.
(längere Pause)
Dann wird es Zeit, wieder ins Hier und Jetzt zurückzukommen. Öffne langsam deine Augen und recke und strecke dich kräftig. Atme tief ein und aus, bevor du dich langsam aufsetzt."

Vielleicht möchten die Kinder nach der Fantasiereise kurz berichten, wie es ihnen dabei ergangen ist. Vielleicht möchten Sie aber auch ein Bild von ihrem Drachen oder von sich selbst als Drachenreiter malen.

AUTOS, ZÜGE, LKW …

Früher, da gab's nur Kutschfahrt und Reiten,
das waren doch wahrlich beschwerliche Zeiten!
Heute fahr'n Züge, Autos und Laster umher,
das erleichtert uns den Alltag doch sehr.

IM KREISVERKEHR

STILLE-SPIEL

Material: 1 Handtrommel, 1 kleines Spielzeugauto

Die Kinder sitzen im Kreis. Setzen Sie das Spielzeugauto in die umgedrehte Handtrommel und lassen Sie es nun am Rand der Handtrommel entlangfahren. Je intensiver die Kreiselbewegung, umso schneller fährt das Auto. Nach ein paar Runden geben Sie die Handtrommel mit dem Auto an das nächste Kind weiter. So wandert sie einmal im Kreis herum.
Alle Kinder beobachten die Fahrt des Autos „im Kreisverkehr“ und lauschen dem Geräusch, das dabei entsteht. Dies beruhigt und entspannt außerordentlich.

ALLE AUTOS AN DEN START!

WAHRNEHMUNGS-ÜBUNG

Material: 5 bis 8 kleine Spielzeugautos

Die Kinder sitzen im Kreis. Die Autos werden in einer beliebigen Reihenfolge nebeneinander aufgestellt. Aufgabe der Kinder ist es nun, sich diese Reihenfolge genau einzuprägen. Dann drehen sich alle um oder schließen ihre Augen. Vertauschen Sie nun den Platz zweier Autos. Danach dürfen sich die Kinder wieder umdrehen oder ihre Augen öffnen. Können sie erkennen, welche Autos ihre Startposition verändert haben?

WOHIN GEHT DIE REISE?

WAHRNEHMUNGS-ÜBUNG

Material: 1 Spielzeugauto mit Rückzugmechanismus

Während sich die Kinder an die Wand setzen, setzen Sie sich in die Mitte des Raumes. Nehmen Sie das Spielzeugauto und bitten Sie die Kinder, ihre Augen zu schließen. Lassen Sie dann das Auto losfahren. Wenn nichts mehr zu hören ist, sollen die Kinder – immer noch mit geschlossenen Augen – in die Richtung zeigen, in die das Auto gefahren ist. Dann öffnen alle ihre Augen und können das Ergebnis überprüfen.

DER HEISSLUFT-BALLON

ENTSPANNUNGS- UND BEWEGUNGSÜBUNG

Die Kinder verwandeln sich in Heißluftballons. Zu Beginn machen sie sich noch ganz klein und kauern sich auf den Boden, bis die Vorbereitungen für den Start erfolgt sind. Dann werden sie immer größer und blähen sich als Ballon auf, bis sie endlich starten und davonfliegen. Lesen Sie die folgende Fantasiereise wieder in ruhigem Ton und mit den nötigen Pausen vor, damit die Kinder genügend Zeit haben, sich darauf einzulassen.

„Stell dir vor, du bist ein Heißluftballon.
Noch liegst du unscheinbar als leere Hülle auf dem Boden.
Um dich herum ist einiges los.
Aber das stört dich nicht.
Du musst nichts anderes tun, als hier zu warten, bis es losgeht.
Du kannst dich ausruhen. Du hast nichts zu tun.
Und so bist du ganz entspannt, ganz entspannt und ganz ruhig.
Da merkst du, wie langsam Leben in dich kommt.

Mal bewegt sich hier etwas, mal dort.
Es sind zunächst noch ganz kleine Bewegungen.
Du spürst die warme Luft, die in dich strömt und um dich herumweht.
Sie ist angenehm und tut dir gut. Sie macht dich stark.
Und so richtest du dich ganz langsam auf.
Du wirst größer und größer, wächst Stück für Stück nach oben.
Schließlich bist du ganz groß.
Du atmest tief ein und aus. Die warme Luft in dir und um dich herum gibt dir Kraft.
Du bist ein wunderschöner, bunter Heißluftballon.
Und dann fährst du davon!“

Die Kinder schweben nun als Heißluftballons einige Runden durch den Raum, bis sie schließlich wieder auf der Erde landen und in sich zusammensacken.

DIE EISENBAHN

MASSAGE

Material: Bodenmatten für die Hälfte der Kinder, Spielzeugeisenbahnen

Die Kinder gehen paarweise zusammen. Eines der Kinder aus jedem Paar legt sich mit dem Bauch auf die Bodenmatte. Sein Partner kniet sich daneben. Er bekommt eine kleine Spielzeugeisenbahn und umfährt damit, entsprechend dem vorgelesenen Text, den Körper des liegenden Kindes.

An einem steilen Hang
fährt eine Eisenbahn entlang.
Fährt mal langsam, fährt mal schnell,
bleibt dann stehen auf der Stell’.

Gönnt sich eine kleine Rast,
dann gehts weiter ohne Hast.

Die Eisenbahn, die lässt sich Zeit,
ihr Ziel ist schließlich nicht mehr weit.
Der nächste Halt ist Oberhaus,
hier steigen alle Gäste aus.
Der Eisenbahn, der geht es gut,
am Ende macht sie laut: „Tut-Tuut!"

Mit dem „Tut-Tuut!" endet die Eisenbahnfahrt. Die Kinder tauschen ihre Rollen und die Lokomotive startet erneut.

LKW-KONTROLLE

MASSAGE

Material: Bodenmatten für die Hälfte der Kinder

Die Bodenmatten werden entlang der Hallenwände verteilt ausgelegt. Die Kinder bilden zwei Gruppen. Die eine Gruppe verwandelt sich in Lkw und die Kinder der anderen Gruppe sind Zollbeamte. Jeder Zollbeamte setzt sich auf eine Bodenmatte.
Die Lkw bewegen sich nun als solche durch den Raum. Bei dem Zuruf „Kontrolle!" fahren alle Laster die Bodenmatten an. Dort legen sich die Kinder, die die Lkw spielen, in Bauchlage auf die Matten. Die Zollbeamten kontrollieren daraufhin ihren Laster und prüfen, ob er verkehrstauglich ist. Sie drücken mal hier, reiben mal dort, klopfen verschiedene Körperstellen ab, bewegen den Körper des liegenden Kindes sanft hin und her usw. Alle Massageformen sind erlaubt, solange sie dem liegenden Kind nicht wehtun. Ist die Kontrolle beendet, gibt der Zollbeamte grünes Licht und der Lkw kann seine Fahrt fortsetzen. Allerdings heißt es bald schon wieder: „Kontrolle!" Jetzt muss jeder Lkw-Fahrer jedoch eine andere Kontrollstelle anfahren. Nach drei bis vier Runden tauschen die Kinder ihre Rollen und das Spiel beginnt erneut.

LKW BELADEN

WAHRNEHMUNGS-ÜBUNG

Material: kleine Sand-, Bohnen- oder Reissäckchen, flache Steine, große Bauklötze usw., Bodenmatten für die Hälfte der Kinder

Die Kinder bilden Zweiergruppen. Eines der Kinder aus jedem Paar legt sich mit dem Bauch auf die Bodenmatte und übernimmt die Rolle des Lkw. Sein Partner kniet neben ihm. Dessen Aufgabe ist es, den Lkw mit den bereitliegenden Materialien (siehe Materialliste) zu beladen. Dabei sollte natürlich nichts herunterfallen. Das liegende Kind bestimmt selbst, wie viel Last es auf seinem Rücken tragen kann. Wird es zu schwer und unangenehm, sagt es: „Stopp!“ Dann wird die Beladung beendet. Der Partner nimmt alle Materialien langsam wieder vom Rücken herunter. Nach einer kurzen Nachspürphase tauschen die Kinder ihre Plätze und die Beladung beginnt erneut.

VARIANTE

Sind nicht genug Materialien vorhanden, dann können mehrere Kinder gemeinsam einen Lkw beladen. Ein Kind legt sich dann in Bauchlage auf die Bodenmatte und vier bis sechs Kinder knien sich um das liegende Kind herum. Reihum legen sie nun, wie beschrieben, die Materialien auf den Rücken des Kindes.

ENTDECKUNGSREISEN IN FREMDE WELTEN

Fremde Welten gibt es viele
und vor allem auch skurrile.
Alle diese zu erkunden
ist mit ganz viel Mut verbunden:
Keiner weiß, was ihn erwartet,
wenn er in den Weltraum startet.
Es kann auch gefährlich sein,
steigst du in ein U-Boot ein.
Doch habe nur ein wenig Mut,
am Ende, da wird alles gut.

IM RAUMSCHIFF UNTERWEGS

VERLANGSAMUNGS-ÜBUNG

Die Kinder verwandeln sich in kleine Ein-Mann-Raumschiffe, die durch das All fliegen. Manchmal ist es nötig, sehr schnell zu fliegen, manchmal kann es langsamer sein und manchmal bleibt das Raumschiff auch an einer Stelle stehen. Welche Geschwindigkeit gerade eingenommen werden muss, geben Sie als Kommandant des Mutterschiffs vor.
Die Raumschiffe heben zunächst ab. Dazu machen sich die Kinder zuerst klein, dann langsam groß und sausen dann los. Sind alle der Reihe nach gestartet, beginnt zunächst ein schneller Flug in Warp-Geschwindigkeit (Überlichtgeschwindigkeit) zum Ziel. Dort angekommen, wird das Tempo gedrosselt, d. h., die Raumschiffe fliegen langsam umher. Schließlich sollen sie auf einem Planeten landen. Alle bleiben dazu stehen und gehen langsam in die Hocke. Die Raumschiffe führen nun auf dem Planeten verschiedene Untersuchungen durch. Dann starten alle wieder, fliegen zunächst langsam, dann erneut mit Warp-Antrieb zurück zum Mutterschiff. Dort landen schließlich alle der Reihe nach.
Die Raumfahrer steigen aus und gönnen sich eine kleine Pause.
Begleiten Sie die einzelnen Flugphasen sprachlich und geben Sie den Kindern Anweisungen, wie es der Kommandant eines Raumschiffs tun würde.

ENTFÜHRT!

WAHRNEHMUNGS-ÜBUNG

Material: 1 Taschenlampe, 1 Triangel

Als alle schlafen, landet ein fremdes Raumschiff auf der Erde. Ein Außerirdischer steigt aus, weckt einen Menschen und lädt ihn zu einem Besuch auf seinem Planeten ein. Nach der Stippvisite bringt er ihn wieder zurück auf die Erde.

Dunkeln Sie das Zimmer für dieses Spiel nach Möglichkeit etwas ab und legen Sie die Triangel an den Rand des Spielfelds. Die Kinder suchen sich nun einen Platz auf dem Boden, verteilt im Raum. Dort legen sie sich hin und schließen ihre Augen. Eines der Kinder übernimmt die Rolle des Außerirdischen. Es bekommt die Taschenlampe und geht zwischen den liegenden Kindern umher. Vor einem Kind seiner Wahl bleibt es stehen und richtet den Strahl der Taschenlampe kurz auf dessen Oberkörper oder Beine. Das betreffende Kind steht leise auf und folgt dem Außerirdischen durch den Raum. An einer anderen Stelle legt es sich dann wieder zum Schlafen auf den Boden.

Anschließend geht der Außerirdische zur Triangel und schlägt sie einmal kurz an. Dies ist das Zeichen für alle aufzuwachen. Wer kann erkennen, welches Kind von dem Außerirdischen „entführt“ wurde?

BEAMEN, BITTE!

FANTASIEREISE

Material: 1 Gymnastikreifen pro Kind

Die Gymnastikreifen werden im Raum verteilt ausgelegt. Jedes Kind nimmt sich einen Reifen und setzt sich, am besten im Schneidersitz, hinein.
Alle befinden sich in einem großen Raumschiff. Laden Sie die Kinder dazu ein, sich von hier aus an einen beliebigen Ort auf der Erde oder auch im Weltall „beamen“ zu lassen. Erklären Sie kurz, wie dies funktioniert. Die Reifen sind die Beam-Stationen. Bekannt geworden ist diese Technik des schnellen Beförderns durch die „Star Trek“-Serie „Raumschiff Enterprise“. Bitten Sie die Kinder, ihre Augen zu schließen, und starten sie dann den Beam-Vorgang. Zählen Sie von zehn aus rückwärts bis zur Null. Geben Sie zum Schluss ein akustisches Signal, das anzeigt, dass das Beamen beendet ist (z. B. lautes Pfeifen). Die Kinder haben nun die Gelegenheit, in ihrer Fantasie einen fremden Planeten zu betreten oder einen beliebigen Ort auf der Erde zu besuchen.
Beenden Sie nach drei bis vier Minuten die Übung, indem Sie die Kinder darauf aufmerksam machen, dass die Reise langsam zu Ende geht. Fordern Sie sie als Kapitän des Raumschiffs auf, sich auf den Beam-Vorgang vorzubereiten, der sie wieder zurück zum Ausgangsort bringt. Starten Sie erneut den Countdown, der wieder mit dem Pfeifsignal beendet wird. Sind alle Kinder wohlbehalten gelandet, können sie in einer kurzen Reflexionsrunde von ihrer Reise berichten.

TIPP Jüngere Kinder und solche, die mit Fantasiereisen noch nicht vertraut sind, benötigen in der Regel eine genauere Anleitung. Verpacken Sie die Fantasiereise in diesem Fall in eine kleine Geschichte und stellen Sie den Kindern als Hilfe kurze Fragen, die diese jedoch nur für sich selbst beantworten sollen, z. B.: „Was siehst du auf dem Planeten, auf dem du gelandet bist?“, „Ist es dort kalt oder warm?“, „Wie fühlt sich der Boden unter dir an?“ usw.

DER RAKETENSTART

ENTSPANNUNGS- UND BEWEGUNGSÜBUNG

Die Hälfte der Kinder verwandelt sich in Raketen. Sie gehen dazu in die Hocke und machen sich so klein wie möglich. Die andere Hälfte der Gruppe übernimmt die Rolle der Arbeiter, die die Raketen vor dem Start noch einmal überprüfen. Dazu drücken sie hier, rütteln da, klopfen dort usw. Am Ende des folgenden Vorlesetexts richten sich die Raketen langsam auf, bis sie dann endlich starten und ins Weltall fliegen.

Nach langer Arbeit ist's so weit,
die Rakete ist zum Start bereit.
Doch zunächst wird alles nochmal kontrolliert,
damit der Start auch wirklich funktioniert.

Die Arbeiter, die prüfen hier und prüfen da,
doch alles passt anscheinend wunderbar.
Sie seh'n sich auch die Hülle an,
auch hier ist keine Macke dran.

Und so woll'n wir alle nicht mehr länger warten,
die Rakete soll nun endlich in den Weltraum starten.
Die Arbeiter, die laufen ganz schnell hinter'n Zaun,
denn schon beginnt der Start-Countdown:
„10, 9, 8, 7, 6, 5, 4, 3, 2, 1, Zero!"

Die Raketen richten sich im Rhythmus des Countdowns langsam auf. Bei „Zero!" fliegen sie los und kreisen einige Runden im Weltall umher. Sind alle Raketen wieder auf der Erde gelandet, tauschen die Kinder die Rollen und das Spiel beginnt von Neuem.

DIE U-BOOT-FAHRT

FANTASIEREISE

Material: 1 Bodenmatte pro Kind

Die Kinder legen sich in bequemer Position mit dem Rücken auf die Bodenmatten. Sind alle zur Ruhe gekommen, schließen sie ihre Augen. Sprechen Sie nun den folgenden Text langsam und deutlich. Machen Sie auch hier wieder an den passenden Stellen kleine Pausen, sodass die Kinder Zeit haben, ihrer Fantasie freien Lauf zu lassen.

„Stell dir vor, du stehst am Meer.
Vor dir breitet sich das Wasser aus. Die Oberfläche glitzert im Sonnenschein. Der Wind treibt kleine Wellen vor sich her.
Da taucht plötzlich ein U-Boot auf.
Eine Luke öffnet sich. Der Kapitän schaut heraus. Er lädt dich ein, mit ihm und seiner Besatzung ein wenig auf das Meer hinauszufahren.
Diese Gelegenheit willst du dir natürlich nicht entgehen lassen. Und so steigst du ein.
Die Luke schließt sich hinter dir und schon geht es los.
Du bekommst einen bequemen Sessel angeboten. Von hier aus kannst du durch ein großes Fenster alles beobachten.
Um dich herum ist es ganz still. Nichts ist zu hören.
Du fühlst dich wohl hier in deinem Sessel.
Es geht dir gut.
Du beobachtest die Fische, die durch das Fenster zu sehen sind.
Sie gleiten ganz ruhig im Wasser dahin. Ganz ruhig schwimmen sie hin und her, hin und her.
Du beobachtest die Wasserpflanzen. Auch sie bewegen sich ganz langsam hin und her, hin und her.
Um dich herum ist es ganz still.
Es geht dir gut. Du fühlst dich wohl.
Du siehst große und kleine Fische kommen und gehen. Sie gleiten lautlos durch das Wasser.
Und so beobachtest du eine Weile das Treiben im Meer.

Du schaust den Fischen und den Pflanzen zu, wie sie sich langsam und ruhig hin- und herbewegen.
(längere Pause)
Doch dann kommt der Kapitän zu dir. Er sagt, dass es Zeit wird, wieder aufzutauchen.
Er will dich wieder zurück an Land bringen.
Und so verabschiedest du dich von den Fischen und Pflanzen im Meer.
Als das U-Boot wieder aufgetaucht ist, bedankst du dich beim Kapitän für die schöne Reise.
Du verabschiedest dich.
Du reckst und streckst dich und atmest tief ein und aus. Du öffnest deine Augen und bist wieder hier in diesem Raum."

Bieten Sie den Kindern nach dieser Fantasiereise an, ein Bild von ihrer U-Boot-Fahrt zu malen.

IN DER HÖHLE

WAHRNEHMUNGS-ÜBUNG

Material: Streichhölzer

Laden Sie die Kinder zu einer Höhlenexpedition ein. In der Höhle ist es natürlich ganz dunkel, sodass man die Hand nicht vor den Augen sehen kann. Doch zum Glück haben Sie als Expeditionsleiter ja Streichhölzer dabei. So ist wenigstens gelegentlich etwas zu sehen.
Verdunkeln Sie nach Möglichkeit den Raum, bevor Sie ihn mit den Kindern betreten. Besprechen Sie vor der Tür mit der Gruppe, wie viele Streichhölzer der Expeditionsleiter mit in die Höhle nehmen soll. Anschließend gehen alle gemeinsam in die Höhle.
Drinnen nehmen die Kinder eine bequeme Sitzposition ein. Da es in der Höhle ja stockdunkel ist, schließen alle zusätzlich die Augen und öffnen diese nur, wenn ein Streichholz angezündet wird. Keiner weiß natürlich, wer in der Höhle haust. Vielleicht lauern irgendwo wilde Tiere? Alle bemühen sich daher darum, möglichst kein Geräusch zu machen.
Zünden Sie nun in kleinen Abständen die zuvor festgelegte Anzahl an Streichhölzern an. Die Kinder zählen dabei mit. Sind alle Streichhölzer aufgebraucht, ist das Spiel beendet.
Verlassen Sie zusammen mit den Kindern wieder den Raum. Sind alle da? Wurde keiner von einem wilden Höhlen-Tier gefressen?

PILOT, FEUERWEHR-MANN & CO.

Piloten, Forscher, Feuerwehr,
das interessiert die Jungs gar sehr.
Und fragt man nach: „Wieso denn bloß?“,
heißt’s: „Da ist immer etwas los!“

DIE HÖHLEN-FORSCHER

MASSAGE

Material: 1 großer Fallschirm, 1 Kriechtunnel, 1 Gong o. Ä.

Der Fallschirm wird entfaltet und so auf Bänken u. Ä. abgelegt, dass er sich in etwa 30 cm Höhe über dem Boden befindet. Der Kriechtunnel stellt den Eingang zu dieser Höhle dar. Alle Kinder kriechen nun durch den Tunnel hindurch und gelangen so unter die Erde. Hier können sie sich nur kriechend fortbewegen, um die Höhle zu erkunden. Ein Signal gibt an, wann die Höhlenforscher wieder zurück ans Tageslicht müssen.
Sind alle wieder sicher zurückgekommen, gilt es, den ganzen Staub und Schmutz, der an der Kleidung haftet, abzuklopfen. Geklopft wird mit der flachen Hand, beginnend an der Außenseite der Arme abwärts bis zu den Händen, dann entlang der Innenseite der Arme wieder nach oben bis zu den Achselhöhlen. Weiter geht es über die Schultern bis zum Nacken, dann nach vorne zur Brust und hinunter zum Bauch. Danach ist der Rücken dran. Von dort geht es abwärts zum Po und entlang der Außenseite der Beine bis zu den Füßen. Zum Schluss wird die Innenseite der Beine von unten nach oben abgeklopft. Und um auch wirklich ganz staubfrei zu sein, streichen alle noch einmal den ganzen Körper von oben nach unten aus. Am wirkungsvollsten ist diese kleine Klopfmassage, wenn sie danach noch einmal wiederholt wird.

DIE PILOTEN

VERLANGSAMUNGS-ÜBUNG

Material: selbst gebastelte Signalschilder

Die Kinder gestalten Signalschilder, auf denen verschiedene Wettersymbole dargestellt sind, z. B. Schneeflocken, Regentropfen, Hagelkörner, Wind, Gewitterwolken mit Blitz, dichter Nebel, Sonne etc.

Alle verwandeln sich nun in Piloten, die mit ihrem Flugzeug starten, d. h. mit ausgebreiteten Armen im Raum „umherfliegen“, beim Take-off erst langsam und dann immer schneller. Während die Flugzeuge ihre Runden drehen, halten Sie oder es hält eines der Kinder abwechselnd jeweils eines der Wetterschilder hoch. Bei schlechtem Wetter muss natürlich langsamer geflogen werden als bei gutem. Die Geschwindigkeitsbegrenzungen für die jeweiligen Wetterlagen werden zuvor mit den Kindern besprochen und vereinbart. Erst wenn das Schild mit der Sonne zu sehen ist, dürfen alle wieder ganz schnell fliegen. Der Wechsel von langsam zu schnell wird dabei mehrmals wiederholt. Am Ende heißt es dann: „Landeanflug!“ Nun müssen die Piloten ihr Flugzeug mit langsam abnehmender Geschwindigkeit sicher landen.

IM DSCHUNGEL UNTERWEGS

WAHRNEHMUNGS-ÜBUNG

Material: Instrumente (Klanghölzer, Klangfrösche, Regenstäbe, Rasseln, Handtrommeln etc., aber z. B. auch Zeitungspapier zum Rascheln) für mehr als die Hälfte der Kinder, Augenbinden

Im Dschungel ist eine Forschergruppe von der Nacht überrascht worden. Nun müssen sie im Dunkeln zurück zu ihrem Lager finden. Natürlich lauern überall Gefahren, z. B. giftige Schlangen, angriffslustige Fledermäuse, Flughunde oder fliegende Frösche. Die Abenteurer bewegen sich sehr vorsichtig vorwärts, bis sie schließlich das Lager erreicht haben – hoffentlich unverletzt und vollzählig!
Die Kinder bilden zwei Gruppen. Eine der Gruppen stellt den Dschungel dar. Dazu stellen sich diese Kinder in zwei Reihen einander gegenüber auf. Jedes Kind aus dieser Gruppe hat ein Instrument in der Hand. Die zweite, kleinere Gruppe sind

die Forscher. Sie tragen Augenbinden. Ihre Aufgabe ist es, den Weg durch den Dschungel zu finden, ohne ein Tier oder eine giftige Pflanze (d.h. eines der Kinder aus der anderen Gruppe) zu berühren. Sobald sie zu nahe an eines der Dschungel-Kinder herankommen, lässt dieses kurz sein Instrument erklingen. Dies signalisiert dem betreffenden Forscher, dass er etwas Abstand halten muss. Haben alle Forscher unbeschadet ihr Camp erreicht, ist das Spiel beendet. Die Kinder tauschen nun ihre Rollen und das Abenteuer beginnt erneut.

DER DETEKTIV

BEWEGUNGSSTOPP-SPIEL

Die Kinder gehen paarweise zusammen. Eines der Kinder aus jedem Paar spielt den Detektiv, sein Partner schlüpft in die Rolle eines Bösewichts. Der Bösewicht geht, mal langsam und mal schnell, im Raum umher. Der Detektiv verfolgt ihn dabei. Sobald sich der Bösewicht aber umdreht, erstarrt der Detektiv sofort in seiner Bewegung. Er will sich schließlich nicht verraten. Nach fünf bis sechs Bewegungsstopps wechseln die Kinder die Rollen.
Am Ende der kleinen Detektiv-Übung können sich die Kinder untereinander austauschen. In welcher Rolle haben sie sich wohler gefühlt? Wie schwer war es, mitten in der Bewegung zu erstarren?

GROSSEINSATZ DER FEUERWEHR

VERLANGSAMUNGS-ÜBUNG

Material: mehrere Seile

Die Kinder bilden zwei Gruppen. Die Kinder der einen Gruppe spielen das Feuer und hocken sich dazu so nahe zusammen auf den Boden, dass sie noch Bewegungsfreiheit nach allen Seiten haben. Dann bewegen sie sich langsam nach oben und zucken und tanzen wie wilde Flammen, bis ihre Kräfte nachlassen. Wer erschöpft ist, sackt langsam in sich zusammen

und bleibt auf dem Boden liegen. Und wer schon liegt, darf sich anschließend auch nicht mehr bewegen!
Die Kinder der anderen Gruppe verwandeln sich in Feuerwehrleute, die das Feuer löschen. Dabei werden die Seile als Wasserschläuche eingesetzt. Die Feuerwehrleute bilden einen Kreis um das Feuer herum. Sie löschen es so lange, bis keine Flamme mehr zu sehen ist (d. h., bis sich kein Feuer-Kind mehr bewegt). Ist der Großeinsatz der Feuerwehr beendet und das Feuer gelöscht, tauschen die Kinder ihre Rollen.

Im Weltall

Material: Buntlack, Mundschutz, Einmalhandschuhe, Papier mind. DIN A3, Marmeladenglasdeckel unterschiedlicher Größe, Malervlies, Glitzer oder weißer Buntlack

Technik: Sprayarbeit

Was ist wie?

Graffiti – eine dubiose Sache!? Sofort fallen einem Schlagworte wie illegal, gesundheitsschädigend, umweltbelastend, Kultsache, Jugendszene ... ein. Graffitikunst fasziniert. Deshalb soll das Farbsprayen ganz legal, kontrolliert und einmalig einen besonderen Platz auf einem Fest bekommen.
Eine Spray-Station kann tatsächlich **nur im Freien** stattfinden, denn der Lack hat einen sehr starken Geruch. Hier gibt es einige **Sicherheitsvorkehrungen** zu beachten. Die Unterlage muss richtig groß sein, da der Lack im Umkreis von ca. 1 m staubt. Am besten legt man dazu zwei Bahnen Malervlies nebeneinander. Das Papier muss richtig in der Mitte liegen und der Akteur kniet z. B. auf der Unterlage. Dann wird die Windrichtung geprüft. Man muss sich nebeneinander mit dem Wind im Rücken platzieren, damit der Lackstaub vom Sprayer weggeweht wird. Zu viel Wind ist aber auch hinderlich. Bitte stellen Sie auch Einmalhandschuhe und Mundschutz zur Verfügung. Allergiker sollten an der Station nicht mitmachen.

Um ein Gefühl für das Sprayen zu bekommen, werden alle Farben ausprobiert und das Blatt wird einfach bunt angesprüht. Möglichst eine dünne Schicht sprayen, da diese schneller trocknet als ein großer Farbsee.

Dann unterschiedliche Marmeladenglasdeckel auf dem Blatt verteilen. Mit dem Kreis komponieren.

Schwarz darübersprühen. Tipp: Im Abstand von ca. 50 cm sprühen und nur leicht drücken. Die Dose immer langsam hin- und herbewegen.

Kurz antrocknen lassen.

Gabi Scherzer

Tolle Feste. Kreative Mitmach-Aktionen für Klein und Groß

128 Seiten, kartoniert, Farbfotos

ISBN 978-3-7698-2131-4

Ob gewebte Zaunbilder aus Stoff, Rutschautos, die sich in Sternchen-Düser verwandeln, oder prächtige Hutkreationen aus Zeitungspapier: In diesem Kreativbuch gibts zahlreiche Aktionen für den Mitmach- oder Bastelstand bei Festen in Kita und Grundschule.

Weitere Titel der Jungs-Reihe

88 Seiten, verdeckte Spiralbindung,
farbige Illustrationen, Schaubilder
ISBN 978-3-7698-2172-7

104 Seiten, verdeckte Spiralbindung,
Farbfotos
ISBN 978-3-7698-2164-2

92 Seiten, verdeckte Spiralbindung,
Notensatz, inkl. Musik-CD
ISBN 978-3-7698-2096-6

120 Seiten, Spiralbindung,
farbige Illustrationen, Notensatz
ISBN 978-3-7698-2088-1

Musik-CD:
ISBN 978-3-7698-2112-3

www.donbosco-medien.de

DON BOSCO

LEBENDIG. KREATIV. PRAXISNAH.

Weitere Titel von Jutta Bläsius

112 Seiten, gebunden,
zweifarbig
ISBN 978-3-7698-2057-7

112 Seiten, gebunden,
zweifarbig
ISBN 978-3-7698-2056-0

96 Seiten, Spiralbindung,
S/W-Illustrationen
ISBN 978-3-7698-1978-6

112 Seiten, kartoniert,
S/W-Illustrationen
ISBN 978-3-7698-1641-9

116 Seiten, kartoniert,
S/W-Illustrationen
ISBN 978-3-7698-1795-9

120 Seiten, kartoniert,
S/W-Illustrationen
ISBN 978-3-7698-1885-7